Marion Tauschwitz

Hilde Domins Gedichte und ihre Geschichte

zuKlampen!

Dritte Auflage 2026

Bei Fragen zur EU-Produktsicherheitsverordnung GPSR
wenden Sie sich bitte an info@zuklampen.de.

Umschlaggestaltung: Hildendesign . Münschen . www.hildendesign.de
Umschlagmotiv: Foto Domin: Privatarchiv Hilde Domin
Druck: CPI – Clausen & Bosse · Birkstr. 10 · 25917 Leck ·
cpidirect.cpi-print.de

Das »Privatarchiv Hilde Domin« ist in den Nachlass des
Literaturarchivs Marbach eingegangen.

Dieses Buch folgt der Ausgabe, die zuerst 2012
im Verlag André Thiele erschien.

ISBN Printbuch 978-3-86674-523-0
ISBN E-Book-Epub 978-3-86674-468-4
ISBN E-Book-PDF-E-Mobi 978-3-86674-469-1

Bibliografische Information der Deutschen Nationalbibliothek
Die Deutsche Nationalbibliothek verzeichnet diese Publikation
in der Deutschen Nationalbibliografie; detaillierte bibliografische Daten
sind im Internet über ‹http://dnb.dnb.de› abrufbar.

MIX
Papier aus verantwortungsvollen Quellen
FSC® C083411

Und als ich euch meine Schmerzen geklagt,
Da habt ihr gegähnt und nichts gesagt;
Doch als ich sie zierlich in Verse gebracht,
Da habt ihr mir große Elogen gemacht.

Heinrich Heine

INHALT

EINLEITUNG

Fragste die Lilie, die Rose,
warumse, weshalbse, wiesose

Bedrückende Erfahrungen in allen Lebensbereichen waren der Auslöser für die Gedichte der Lyrikerin Hilde Domin.

Hildegard Löwenstein, die Kölnerin aus großbürgerlichem, jüdischem Elternhaus, war 1932 mit dem jüdischen Frankfurter Studenten Erwin Walter Palm zum Auslandsstudium nach Italien aufgebrochen. Gegen den Willen der Eltern und voller Enthusiasmus, dem Hitlers Machtergreifung im Januar 1933 ein jähes Ende setzte: Italien war für die beiden Studenten über Nacht zum ersten Exilland geworden, bis die italienischen Rassegesetze sie im März 1939 zur Flucht nach England veranlassten. Vor der dort befürchteten deutschen Invasion im Juni 1940 retteten sie sich auf den dominikanischen Teil der Antillen-Insel Hispaniola. Nur das Land des Diktators Rafael Leónidas Trujillo hatte sich im Juli 1938 auf der von US-Präsident Franklin D. Roosevelt einberufenen Konferenz von Évian-les-Bains bereiterklärt, jüdische Flüchtlinge aufzunehmen.

Flucht, Verlust der Heimat, Einsamkeit, Entbehrungen, Krankheiten und permanente Geldnot – alles ließ sich im Exil ertragen, solange sich Hilde Domin der Liebe ihres Mannes sicher sein konnte. Diese Basis zerbrach 1951, als sich Erwin Walter Palm einer anderen Frau zuwandte und bereit war, Hilde Domin zu verlassen. Zeitgleich erreichte Hilde Domin die Nachricht vom Tod ihrer Mutter, die im September 1951 an den Folgen einer Unterzuckerung gestorben war. Der Mutter und der Liebe beraubt. Hilde Domin war einem Suizid nahe. Als sie *nicht leben und nicht sterben konnte,* wurde das Schreiben zum zweiten Leben. Schreiben war Atmen. Sie war *ein Sterbender, der gegen das Sterben an-*

schrieb. Gedichte kommen *mit Blaulicht daher*, pflegte die Lyrikerin deshalb zu sagen, denn momentane Erregung steuerte Hilde Domins Gedichte.

Doch die Kunst des Schreibens besteht darin, sich vom Leben nicht überwältigen zu lassen. Damit Erlebtes Dichtung werden kann, wird sich der souveräne Dichter psychisch, doch nie faktisch offenbaren. Exaktes Sprachhandwerk gibt dem Gedicht die *unspezifische Genauigkeit* mit, die es dem Leser erlaubt, es in seine Obhut zu nehmen. Entindividualisiert nur wird es zu dem Erlebnisträger, anwendbar für jedermann. Der *gefrorene Augenblick* kann vom Leser wieder zum Fließen gebracht werden und wird zu einem *Magischen Gebrauchsgegenstand* – ein Begriff, den Hilde Domin 1987 in ihrer Frankfurter Poetikvorlesung geprägt hat.

Sprachhandwerk vervollkommnet die Dichtung, umfassendes Wissen ist die Quelle, aus der sie schöpft. Domins Gedichte sind eindringlich, weil sie sich aus dem Reichtum und der Fülle solider humanistischer Bildung entwickeln. Seit Kindheitstagen war Hilde Domin die griechische Mythologie vertraut. Später bediente sie sich bei Ovids Metamorphosen, paraphrasierte Hofmannsthal und flocht auch Spinozas Philosophie spielerisch in ihr Werk ein. Im ersten Exil in Italien hatte sie Giuseppe Ungaretti schätzen gelernt, an seinen Gedichten ihr Italienisch geschult. Später übersetzte sie ihn. Hilde Domin setzte sich mit den Surrealisten auseinander und öffnete sich im Exil in Santo Domingo ganz den Einflüssen der Spanier, allen voran Rafael Alberti. Goethe, Hölderlin und Heine hatten sie seit früher Jugend geprägt, Yvan Goll mehr als bisher bekannt. Seine »Malaiischen Liebeslieder« waren ihr unmittelbar nach Erscheinen aus den USA von Freunden nach Santo Domingo geschickt worden. Golls Gedichte waren eingängig und scheinbar einfach, so dass sie anfangs tatsächlich für malaiische Volksdichtung gehalten wurden. Doch Golls Inspiration entsprang einer persönlichen Quelle, seiner unglücklichen Liebe zu der Lyrikerin Paula Ludwig. Goll setzte seine Worte in eine phantastische Landschaft und nahm den Blickwinkel seiner Geliebten an. In Golls Versen fand Hilde Domin ihre eigene Sehnsucht und Wehmut aufgehoben, möglicherweise gerade wegen der Verschränkung aus Überpersönlichem und Persönlichem. Hilde Domins erster primitiv handgefertigter Gedichtband – doppelt verklebter Karton, die Seiten selbst zusammengenäht – den sie 1953 unter dem Pseudonym »Denise Isla« an den Schweizer Pflugverlag Thal schickte, kam mit dem Vermerk zurück, dass ihre Gedichte doch sehr an Yvan Goll erinnerten. »Gegen die Verniemandung Yvan Golls« – 1973 – brach Hilde Domin in ihrem Essay eine Lanze für den ihr lieben Dichter.

Hilde Domins Worte waren aus dem Schmerz geboren, ein *heikles Leben* war darin verschnürt. Alles ist Bekenntnis: Die Gedichte tragen deshalb keine karibische Leichtigkeit, sondern thematisieren Einsamkeit, Verfolgung, Schrecken, Trauer und Sehnsucht nach Liebe. Sie sind vom persönlichen Verlust von Liebe und Vertrauen geprägt. Und weil die Erfahrungen des Exils Hilde Domins Sprachbilder prägten, zeugen sie auch von der gelebten Zeit.

Viele von Hilde Domins Gedichten lesen sich in der ursprünglichen Manuskriptfassung noch sehr intim. Sie appellieren an ihr Gegenüber und legen Rechenschaft ab. Vor sich, vor anderen. Indem sie meist schon im Entstehungsprozess eine ästhetische Umsetzung erfahren haben, gehen die Verse über die tagebuchartige Abbildung des gelebten Lebens hinaus. Doch zum Zeitpunkt ihrer Entstehung waren es *Grenzgedichte,* denen Hilde Domin erst Jahre später faktisch Verräterisches nahm, indem sie strich und kürzte. So lange, bis das poetische Ausdrucksmittel nur mehr das exemplarische Gefühl einer individuellen Lebenserfahrung transportierte. Doch die symbiotische Wechselwirkung ihrer Gedichte zu ihrer Biografie blieb: *Aber die Gedichte sind doch so sehr das Selbe wie ich*, schrieb sie 1957 dem Verlagsleiter des S. Fischer Verlags, Rudolf Hirsch. Doch wie sehr ihre Worte das Buch zu ihrem Leben öffnen, offenbarte erst die Sichtung des Nachlasses nach Hilde Domins Tod im Februar 2006.

War es ihre Überzeugung, dass Gedichte von der Symbiose zwischen dem Werk eines Dichters und seiner Biografie leben, die Hilde Domin 1966 das Experiment mit den »Doppelinterpretationen« wagen ließ? Etwa dreißig Lyriker lud sie zu einer Eigeninterpretation eines Gedichts ein, ein anderer Interpret analysierte anschließend denselben Text. Das Experiment der doppelten Interpretationen sollte dem souveränen Umgang mit Gedichten dienen und Sprachbilder nachvollziehbar machen. Genau deshalb verweigerten einige angesprochene Lyriker die Mitarbeit, wollten grundsätzlich niemanden an ihrer eigenen Reflexion über ihre Arbeit teilhaben lassen. Die österreichische Künstlerin und Schriftstellerin Christine Lavant nahm an dem Projekt zwar teil, versagte sich aber einer Auflösung ihrer Sprachbilder: »Die Stadt ist oben auferbaut / voll Türmen ohne Hähne; / die Närrin hockt im Knabenkraut, / strickt von der Unglückssträhne. [...] Sie hat den Geist verloren / er grast als schwarz und weißes Lamm / mit einem roten Hahnenkamm«. Hilde Domin insistierte kindlich auf einer Lösung: *Wieso fehlen die Hähne bei der himmlischen Stadt. Hat gerade diese keine Hähne? Soll sie Hähne noch bekommen?* [...] *Das Knabenkraut?* [...] *Was hat es damit auf sich?* [...] *Besonders wird sich der Leser ja den Kopf zerbrechen über den roten Kamm* [...] *auf dem Kopf des Lamms (in einem andern Gedicht ist auch Rotes da, der Fliegenpilz)* [...]. Auch der in Aussicht gestellte Dank der Leserschaft dafür, dass die im Gedicht steckenden Zeichen und Winke dann leichter entschlüsselt werden könnten, bewegte die Österreicherin nicht zur Preisgabe der Auflösung: »Dies Gedicht ist, wie fast alle anderen meiner Gedichte, der Versuch, eine – für mich notwendige – Selbstanklage verschlüsselt auszusagen.«

Ich habe Tausende von Briefen und Fassungen der Manuskripte ausgewertet und bin auf überraschende, neue Erkenntnisse gestoßen: Hilde Domin hat ihre Gedichte vor der Erstveröffentlichung gründlich überarbeitet, Gedichte umdatiert und so in einen neuen biografischen Kontext gestellt, damit der schöne Schein eines harmonischen Lebensgespräches mit ihrem Mann Erwin Walter Palm zu seinen und ihren Lebzeiten nicht getrübt wird. Nahezu mit Verklärungswonne hat sie an ihrer Selbstmythisierung gewebt. Zwanzig Gedichte Hilde Domins habe ich ausgewählt, die den Einfluss der Lebens-Zyklen der Dichterin auf ihr Werk dokumentieren und darüber hinaus exemplarisch Einsicht in die Arbeitsweise einer genialen Sprachhandwerkerin vermitteln. Der biografische Kontext, der die emotionale Kreativität auslöste und die Sprachbilder provozierte, wurde den Gedichten jeweils vorangestellt.

Dieses Buch soll ein *Vademecum* sein – eine Einladung, ein Geh-mit-mir, ein Wegbereiter für Erkenntnisse und Einsichten, die den Leserblick schärfen und Hilde Domins Gedichte zu *magischen Gebrauchsgegenständen* werden lassen: *anwendbar für jedermann.* Das *heikle Leben* der Worte Hilde Domins soll nicht durch Interpretationsmodelle zerzupft werden, sondern zu einer innigen Begegnung zwischen der Dichterin und dem Leser ihrer Gedichte führen. Sozusagen zu einem *Stelldichein* zwischen Dichter, Leser und Gedicht – genauso wie sich das Hilde Domin für ihre »Doppelinterpretationen« gewünscht hatte.

SANTO DOMINGO / HAITI

1951 bis 1952

Makabrer Wettlauf – Topographie –
Das kleine rote Band – Harte fremde Hände

Seit ihrem ersten Aufeinandertreffen im April 1931 in der Heidelberger Mensa labten sich die beiden jüdischen Studenten Hilde Domin und Erwin Walter Palm am geistigen Vorrat des Anderen und nährten sich vom gegenseitigen Wissen. Kannibalischer Bildungshunger – Fluch und Segen zugleich. Denn er eröffnete den Kampf um die Vormacht auf geistigem Terrain, der die Beziehung von Hilde Domin und ihrem späteren Ehemann Erwin Walter Palm vom ersten Augenblick ihrer Begegnung an prägen sollte. Auf ihrem weiteren 56 Jahre währenden gemeinsamen Lebensweg änderte sich daran nichts.

1932 hatten die jungen Leute Deutschland für ein Auslandsstudium in Italien verlassen, das mit Hitlers Machtergreifung zur ersten Exilstation wurde. Durch die Rassegesetzgebung Mussolinis waren sie bald auch im Land der Antike zu Verfolgten geworden, flohen 1939 nach England, das sie 1940 Hals über Kopf verließen und im August desselben Jahres Zuflucht in der diktatorisch regierten Dominikanischen Republik fanden, damals Santo Domingo genannt. Das Exil sollte bis 1954 währen und verflocht sie miteinander.

Vertreibung und Verfolgung lagen 1951 zwanzig Jahre hinter ihnen. Die Bilanz war betrüblich: Die wirtschaftliche Notlage des Paares hatte sich von Jahr zu Jahr verschlechtert. Mehr als acht Jahre lang hatte der Archäologe in Santo Domingo und Lateinamerika aus der Not eine Tugend gemacht, eher verzweifelt als überzeugt das Material für ein Werk über die Geschichte der kolonialen Bauten zusammengetragen. »Los monumentos arquitectónicos de la Española. Con una introducción a América« sollte erst 1956 ediert werden. Doch so war er in die Rolle des Experten für iberoamerikanische Kunst hineingewachsen – immer von Hilde Domin unterstützt. Sie hatte seine Essays ins Spanische übertragen, die Fotoarbeiten zur Dokumentierung der Architektur übernommen, nachdem sie dafür einen Crash-Kurs bei einem Fotografen absolviert hatte. Ökonomische

Gewinne oder neue Anstellungsverträge an der Universität waren ausgeblieben. Erwin Walter Palms Vortragsreisen in Lateinamerika strapazierten die geschröpfte Haushaltskasse zusätzlich, so dass Hilde Domins Klagen über horrende Ausgaben nicht abrissen: *Frage Deines Aufenthalts. Wovon er bestritten wird ist mir schleierhaft. Soweit ich sehe doch Hotel allein 100 im Monat.*

Obendrein drohte 1951 die Universität von Santo Domingo Erwin Walter Palms Lehrerlaubnis nicht weiter zu verlängern. Doch der Status des Universitätsangestellten war unerlässliche Voraussetzung für Palms kunsthistorische Vorträge in Lateinamerika. Es waren ohnehin unregelmäßige Lehraufträge gewesen, deren einzige Konstante die magere Bezahlung war.

Das Jahr 1951 entwickelte sich zum Annus horribilis. Hilde Domins Mutter war im September des Jahres 1951 an Unterzuckerung gestorben. Erwin Walter Palm trat dennoch wie geplant seine Vortragsreisen nach Honduras, Mexiko und Kuba an. Seine Frau überließ er der Einsamkeit der dominikanischen Berge, wo sie am Gefühl, im Stich gelassen worden zu sein, verzweifelte. *Als Mutter starb und es das einzige Mal im Leben war, dass ich eine Stütze gebraucht hätte, statt zu stützen, dass ich der Empfangende hätte sein müssen, da verliess er mich.* Auch aus Palms Briefen sprach keine Anteilnahme. Unbekümmert pries er in schillernden Reiseberichten seine momentane Freiheit und das unbeschwerte Sichtreibenlassen. Meere trennten die Eheleute nicht nur geografisch, auch emotional waren sie sich fern. Die Entfremdung war schon lange greifbar gewesen, doch nun schien sie unüberbrückbar: *Deine Briefe, so nett und unterhaltsam sie sich lesen, geben keine Nähe mehr, und das in ihnen beschriebene Milieu, in das du immer weiter hineingekehrt bist, hat für mich etwas geradezu verdriesslich Leeres und Falsches. Deine Stimmung ist – wie ich vor Deiner Reise befürchtet – um Welten von meiner getrennt. Und wenn Du auch schreibst: »près de toi« so sind es Worte. Mit keinem oberflächlichen Gedanken denkst Du an mich.* Doch

Hilde Domins Vorwürfe liefen ins Leere. Denn längst hatte sich Erwin Walter Palm der wohlhabenden Exilkubanerin Maria Luísa Gómez de Mena zugewandt, die viele Künstler zu ihrer Muse auserkoren hatten. Die Generalswitwe lockte nicht nur mit finanzieller Unbeschwertheit. Auch Erwin Walter Pam widerstand nicht. 1951 war er bereit, seine Frau zu verlassen.

Hilde Domin flüchtete sich in den Trost der Natur und der Reden Buddhas, richtete sich an Riten der Trauerbewältigung auf. Sie zerfleischte sich obendrein mit Selbstvorwürfen, weil sie den Besuch bei ihrer Mutter in Deutschland zwar immer wieder geplant, doch genauso oft verschoben hatte. Seit 1946 lebte die Mutter Paula Löwenstein bei ihrem Sohn John Lorden in Deutschland (Hans Löwenstein hatte seinen Namen 1942 in den USA naturalisieren lassen, Paula Löwenstein nahm 1946 ebenfalls den Namen Lorden an). John hatte eine Stellung bei der amerikanischen USAREUR (US Army Europe) inne und war in Oberammergau stationiert. Die Mutter empfand sich als Belastung im Leben ihres Sohnes.

Natur und Isolation waren bisher zuverlässige Helfer gewesen, wenn die Last des Alltags Hilde Domin in die Knie zu zwingen drohte. Doch diesmal boten die Berge des dominikanischen Hinterlandes Hilde Domin keinerlei Trost und fingen weder ihren psychischen Zusammenbruch noch den unmittelbar darauf folgenden physischen Kollaps auf. Dem Tod näher als dem Leben fand sie Rettung im Schreiben. Im Schreiben von Gedichten. Schreiben wurde zum zweiten Leben. Denn wer schreibt, versucht zu entkommen. *Ich setzte den Fuss in die Luft und sie trug,* schrieb sie ihrem Bruder John nach Deutschland und legte dem Brief ihre Gedichte bei. In der gemeinsamen Trauer um die Mutter waren sich die Geschwister nach jahrelanger Entfremdung wieder sehr nahe gekommen. John berührten und verwirrten die Worte seiner Schwester gleichermaßen: Er staunte über die Gedichte und ahnte, dass sich »solche Wortkombinationen nicht nur aus dem Intellekt schöpfen« ließen – die beschriebenen Qualen musste seine Schwester tatsächlich durchlitten haben. Doch erst sieben Jahre später offenbarte sie sich dem Bruder.

Hilde Domin wusste, welch heikles Terrain sie betrat, als sie begann, Gedichte zu schreiben. Sie war sich wohl bewusst, dass sie im geistigen Revier ihres Mannes wilderte und entschuldigte sich deshalb nach Abschluss eines kleinen Gedichts: *apologies for pfusching in Dein Handwerk.*

Denn Schreiben, vor allem das von Gedichten, hatte Erwin Walter Palm bisher als seine Disziplin betrachtet. Schon seit frühen Schulzeiten hatte sich der Stefan-George-Verehrer zum Dichter berufen gefühlt. Dichten sollte den Männern vorbehalten bleiben. Schrieb seine Frau dennoch, so nicht unter seinen Augen: Er verbannte sie deshalb in die Berge in eine »Menstruationshütte«. Verschärft wurde der Konflikt, weil das Paar tatsächlich lange Jahre aus demselben Brunnen der Sprache geschöpft hatte, als sie gemeinsam Gedichte übersetzten. Ihre Exilstationen hatten ihnen eine Sprachodyssee abverlangt, die sie bewältigten, indem sie sich der jeweiligen Landessprache des Exillandes näherten, dadurch, dass sie Gedichte lasen und übersetzten. Nun befürchtete Palm, durch das Engagement seiner Frau seiner Kreativität beraubt zu werden. *Musenabfang* nannte er das.

Hilde Domin sträubte sich gegen die Erkenntnis, dass ihr die Liebe ihres Mannes entglitten war. Und so unterwarf sie sich ihm selbst in dieser desolaten Situation immer von Neuem in Demut: Sie tippte seine Manuskripte, die er ihr aus der Ferne zusandte. Sie übersetzte seine Kurse, die er an der Universität zu halten hatte: Eine Stunde Vortrag verlangte ihr zwanzig Stunden Übersetzungstätigkeit ab. Sie fühlte sich als Dienstmädchen in seiner intellektuellen Küche.

Obwohl das Semester 1951 längst begonnen hatte, zögerte Erwin Walter Palm seine Rückkehr nach Santo Domingo stetig hinaus. Seine Frau entschuldigte seine Verspätungen der Universitätsverwaltung gegenüber und versuchte

Ausfälle aufzufangen, indem sie seine Kurse kurzerhand übernahm. Palm genoss derweil die Gesellschaft von Maria Luísa in Mexiko.

Erst Anfang Dezember 1951 kam er zurück nach Santo Domingo. Die räumliche Nähe entspannte ihre Lage nicht, sondern vertiefte die emotionale Distanz. Die letzte Nacht des Schicksalsjahres 1951 musste besonders verheerend und trostlos gewesen sein: »Jedes Mal wenn ich ›Letzte Nacht 1951‹ lese, muss ich weinen«, schrieb John Lorden seiner Schwester. Sie hatte ihm das Gedicht der Sylvesternacht 1951 kommentarlos zugeschickt. Die Erschütterung über die Einsamkeit las sich aus den Zeilen. Erst 1999 schien Hilde Domin die eigene Betroffenheit weit genug zurück zu liegen. Erst dann veröffentlichte sie dieses Gedicht unter dem Titel »Unsere langen Schatten« in ihrem letzten Gedichtband »Der Baum blüht trotzdem«.

Der Tod ihrer Mutter hatte Hilde Domin außerdem erneut mit ihrer Kinderlosigkeit konfrontiert. Plötzlich stand sie in der ersten Reihe – doch beruhigt auf Nachkommen zurückblicken konnte sie nicht. Aus ihrem Poem »Friedhöfe in der Landschaft«, das sie Erwin Walter Palm am 6. September 1951 zuschickte, spricht ihre Trauer. Später benannte sie das Gedicht in »Erste Reihe« um und verlieh dem Thema der Kinderlosigkeit auch durch den Titel sein Gewicht.

Wer sind wir,
um in der ersten Reihe zu stehn
und standzuhalten?
Und welche Zeichen halten wir hoch
für welches Gefolge?

Der Schmerz über die Abtreibung von 1940 überwältigte sie auch noch nach vielen Jahren. Nur so lässt sich nachvollziehen, dass Hilde Domin ihren Wunsch nach einem Kind selbst in dieser zerrütteten Partnerschaft mit der Beharrlichkeit der Verzweiflung verfolgte. *Ich dachte, ein Kind hülfe mir hinweg über das mit dem Nichtsterbenkönnen, im Nichtlebenkönnen. Ich sagte: ›gib mir ein Kind und geh.‹ Er wollte nicht. Ich bekam das Kind, trotzdem.* Dieser Umstand erzürnte Erwin Walter Palm derart, dass er seiner Frau nicht nur anlastete, dass es zu einer Schwangerschaft gekommen war, sondern ihr sogar unterstellte, ihn damit hintergehen zu wollen. Dass sie ihn in Briefen und Gedichten beschwor, dem neuen Leben eine Chance zu geben, verstimmte ihn nachhaltig. Obwohl Hilde Domins Metapher, er könne *wie quellendes Korn in der Furche* sein, ihn regelrecht empörte, griff sie genau diese Zeilen wenig später in ihrem Gedicht »Heckenrose« auf. Für ihren ersten Gedichtband datierte sie das Gedicht auf 1954 um. Frankfurt galt nun als geistiger Geburtsort der Worte, auch wenn die hessische Heimatstadt ihrer Mutter lediglich der Ort war, an dem sie ihre Gedichte überarbeitet hatte. Immer wieder entfremdete das Verwirrspiel um Ort und Entstehungsdatum Hilde Domin von ihren Gedichten und vom lyrischen Ich.

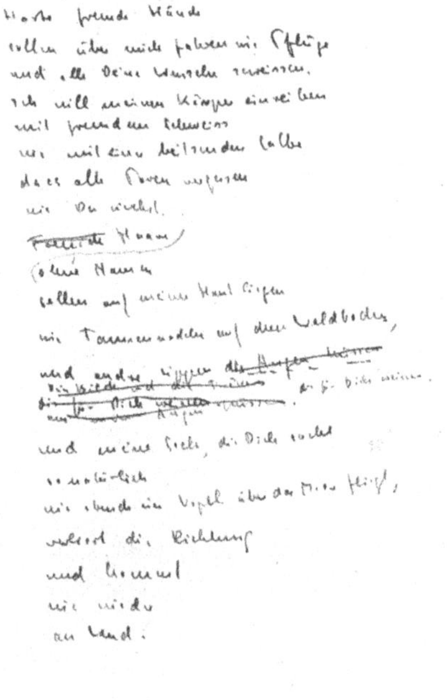

1952 aber nährte Hilde Domin die so kurz währende zweite Schwangerschaft mit zahllosen Gedichten und päppelte sie mit zärtlich-wehmütigen Bildern auf. *Zwischen uns ist Segen gesetzt und das Unsere mehrt sich – ein schmerzendes Saatfeld von Rosen – neu erblühte Provinzen für Deinen Besitz:* Sprachschöpfungen, mit denen sie ihre Hoffnung auf ein neues Erblühen ihrer Liebe beschwor. Ihr Mann hatte sie dieser Metaphern wegen *fast umgebracht. Je schmaler die Basis, je mobiler,* ereiferte er sich und beharrte auf seiner Entscheidung: keine Kinder. *Nicht nur, weil wir arm waren. Sondern weil man dann das Altern fühlt. Man hat einen Masstab für die Jahre. Weil es wie ein Abdanken ist. Weil ein Sohn vielleicht tut, was man selber hätte tun wollen.* [...] *weil es mich wegnimmt. Weil es ihm Schatten macht. Weil er es alleine tun will.* Immer neue Gründe führte Hilde Domin ihrer nahen Freundin Minne an.

Die Diskussion um die Ausweglosigkeit der Situation eskalierte schließlich im Juni 1952 in einer heftigen Auseinandersetzung, die bei Hilde Domin eine Fehlgeburt auslöste – weil Erwin Walter Palm *so wütend war.* Hilde Domin flüchtete, um zu überleben. Sie kaufte sich in aller Heimlichkeit ein Busticket, breitete den Krankenbericht und ihre Gedichte in Santo Domingo auf Palms Schreibtisch aus und entkam – am ganzen Körper *braun und blau und rot* – in die Bergwelt Haitis. Jeglicher Kampfgeist schien ihr abhanden gekommen zu sein. Ihr Briefgespräch erhielten sie dennoch aufrecht. Wieder ging Erwin Walter Palm nicht auf die Enttäuschungen und Verletzungen seiner Frau ein. Doch erstaunlicherweise schien ihm nun zum ersten Mal gelegen zu kommen, dass seine Frau Gedichte schrieb. Wie sonst lässt sich erklären, dass er ihren Versen plötzlich Lob zollte und sie sogar ermunterte, ein neues Leben als Dichterin zu beginnen? Sah er in ihrer Selbstständigkeit die Chance, sich von ihr zu lösen? Denn längst schmiedete er mit der Kubanerin Pläne für eine gemeinsame Zukunft. Und während er sich mit seiner Frau brieflich austauschte, drängte Maria

Luísa zeitgleich in ihren Telegrammen an ihn auf ein Wiedersehen in Puerto Rico. »Estare puerto rico hilton hotel domingo noche mil cosas« (Ich werde Sonntagnacht im Hilton Hotel in Puerto Rico sein), lockte sie und versprach ihm *tausend Dinge*. Hilde Domin war überzeugt, dass ihr Mann mittlerweile an ihren *Tod mit Gleichmut* dachte.

Sie feierte ihren Geburtstag am 27. Juli 1952 allein auf Haiti. Ihr Drohen und Flehen hatte Erwin Walter Palm unbeeindruckt gelassen: *Kommst Du am Dienstag nicht, je veux changer ma vie. Je me ferais frivole, et adieu. Plus de lettres, plus de larmes, plus de tout ce qui étais.* (*...* dann werde ich mein Leben ändern. Ich werde schamlos werden, und das war's. Keine Briefe mehr, keine Tränen mehr, nichts von alledem, das war.)

Vor ihrem Bruder versuchte Hilde Domin einstweilen noch eine Fassade aufrechtzuerhalten, als sie ihm ihren Aufenthalt in Haiti mit dem Wunsch nach Luftveränderung begründete. Sie verwirrte ihn noch mehr mit dem Vorschlag, sich in jenem Teil von Hispaniola niederzulassen und mit ihm dort ein neues Leben zu beginnen. John Lorden schien nicht abgeneigt. Auch er hatte in den zurückliegenden Jahren von vielen Illusionen lassen müssen und fühlte sich einsamer denn je. Im September 1952 jährte sich der Todestag der Mutter zum ersten Mal und verstärkte seine Trauer. Mit seiner neuen Münchner Bekannten hatte er noch keine glückliche Beziehung aufgebaut – er konnte sich zu jener Zeit einen radikalen Schnitt in seinem Leben durchaus vorstellen.

War es Dankbarkeit, dass Erwin Walter Palm schließlich doch noch seiner Frau nach Haiti hinterherreiste und sie um Vergebung bat? Dankbarkeit gegenüber ihrem Engagement und letztlich dem Erfolg, für ihn ein Stipendium in New York erkämpft zu haben? Für das Jahr 1953 öffneten sich dadurch die Türen aus ihrer *Inselkäfigexistenz* auf Santo Domingo – doch nur einen Spalt breit.

I

MAKABRER WETTLAUF

Du sprachst vom Schiffe-Verbrennen
– da waren meine schon Asche –,
du träumtest vom Anker-Lichten
– da war ich auf hoher See –,
von Heimat im Neuen Land
– da war ich schon begraben
in der fremden Erde,
und ein Baum mit seltsamem Namen,
ein Baum wie alle Bäume,
wuchs aus mir,
wie aus allen Toten,
gleichgültig, wo.

Verwaist, verzweifelt und verlassen – in der Eremitage der Berge von Haiti rettete sich Hilde Domin im Sommer 1952 in ihre Gedichte. Paradoxerweise schrieb sie herrliche, fast schon »die Grenze erreichende erotische Gedichte«, so Marcel Reich-Ranicki. Der Rückzug in die Sprache lockerte die Fesseln der Qual und so trieb sie schon *auf hoher See,* während ihr Mann noch *vom Schiffe-Verbrennen* sprach.

Tatsächlich dachte auch Erwin Walter Palm an *Anker-Lichten,* seit sein Verhältnis zu Maria Luísa Gomez sich intensiviert hatte und ihm eine konkrete Entscheidung abverlangte. Sprach er vom *Schiffe-Verbrennen,* so hoffte er, damit alte Brücken hinter sich wegbrechen lassen zu können. Längst strebte er nach *Heimat im Neuen Land* – doch nicht mit seiner Frau. Brieflich tauschte er sich mit der Geliebten über konkrete Pläne für einen Umzug nach Mexiko aus.

Obendrein diskutierte er zum Entsetzen Hilde Domins mit Maria Luísa den Wunsch nach einem gemeinsamen Kind. Hilde Domin betrog sich selbst, indem sie seinen Kinderwunsch als blanken Egoismus wertete. Aber mit einem Kind würde Erwin Walter Palm Maria Luísa an sich binden. Das Kind wäre der erste Anker im fremden Land.

Erwin Walter Palm hatte sich durch die vorübergehende Trennung von seiner Frau lyrische Inspiration erhofft – die sich jedoch nicht einstellte. Deshalb wandte er sich dem Drama zu. Auch für ihn war das Schreiben kathartisch. In zwei Theaterstücken handelte er sein persönliches Dilemma ab. Führt in »Labyrinth« die weibliche Retterin den männlichen Protagonisten zwar wie Ariadne aus seinem labyrinthischen Gefängnis heraus, so zwingt sie ihm doch nur ein neues Joch auf: das der Abhängigkeit von der Retterin. Wahre Rettung bietet einzig die Flucht, indem er alle Schiffe hinter sich verbrennt. Unschwer ist in dem Stück Hilde Domin als Retterin auszumachen. Die Presse sollte es nach der Uraufführung 1955 in Deutschland lakonisch auf den Punkt bringen: Es gehe um einen jungen Mann, »der der Frau überdrüssig wird und sich aus dem Staub macht«. Mit »Cortés und Marina« suchte Palm ebenfalls nach Wegen aus seinem Konflikt: Welche Möglichkeiten bieten sich dem, der einem übermächtigen (inneren) Gefängnis zu entkommen versucht? Auch Palm sprach vom »Schiffe-Verbrennen«. Um seine Vergangenheit abzustreifen, musste er sich die Rückzugsmöglichkeit versagen.

Versperrt man sich selbst den Fluchtweg, so zwingt man sich zum Vorwärtsgehen und erhöht die eigene Motivation zum Handeln. So hatte es der spanische Eroberer Hernán Cortés gemacht, als er 1519 an der Ostküste Mexikos gelandet war. Damit keiner seiner Soldaten fliehen konnte, hatte er befohlen, alle seine Schiffe zu verbrennen – ein Wagnis, doch auch Beweis für seinen unumstößlichen Entschluss, weder Rückzug noch Scheitern zuzulassen. Cortés hatte damit Erfolg gehabt. Zum Bleiben verdammt, hatten seine

Männer gekämpft, nach zwei Jahren das Reich der Azteken unterworfen und Reichtum und Ansehen gesichert.

Es mag folglich nicht verwundern, dass Hilde Domin in ihrem Gedicht diese historischen Fakten aufgreift. Zumal offensichtlich war, dass das, was in Palms *Cortés an Problemen abgehandelt ist, das Resultat* [ihres] *Leben,* [ihrer] *täglichen Analyse [ist]: auch die darin verkochte (verhehlte?) erotische Erregung hat mit* [ihnen] *kaum mehr zu tun als dass sie* [ihnen] *als eine Art Peitsche gedient hat.* Hilde Domin versetzten die Dramen regelrecht in Panik. Sie beschwor ihren Mann in ihren Briefen, mit diesem Stück nicht an die Öffentlichkeit zu treten. Doch dass er es Maria Luísa widmete, mobilisierte Hilde Domins Kampfgeist. Der *makabre Wettkampf* verlagerte sich auf eine zweite Ebene: Zum Kampf um das Recht am Gedichteschreiben gesellte sich der Kampf um den Mann. Zunächst focht ihn Hilde Domin mit den Mitteln der Sprache aus: *Wenn wir nach Mexiko gehen, so gehe ich mit einem Revolver, wie ich Dir vor Monaten gesagt habe. Und wenn auch nur der kleinste Zweifel in Deinem Auge ist, so* [...] *mache ich ein Exil, das Stil hat, das verspreche ich Dir. Die Idee, dass Du Maria Luisa im Tête-à-Tête den Cortés vorliest, schlage dir aus dem Kopf.* Gleich anschließend handelte sie gemäß ihrer Maxime: Nie Objekt werden, immer Subjekt sein. Sie nahm Briefkontakt zur Nebenbuhlerin auf: Sie würde Maria Luísa ihren Mann nicht kampflos überlassen.

Aber mit dem »Schiffe-Verbrennen« waren neue Verhältnisse geschaffen worden. Ehemals Vertrautes war fremd geworden. An ihr Haus in Santo Domingo dachte Hilde Domin nur mehr mit Bitterkeit und Wehmut. Dass sie dort die intensivste Liebe ihres Lebens gelebt hatte, ging unter angesichts der schlimmsten Tränen, die sie dort geweint hatte: *ce sont des chambres, maintenant, et des terraces ou j'ai pleuré des larmes les plus amères de ma vie – et ce sont des coins où je t'ai aimé follement (*das sind jetzt Zimmer und Terrassen, wo ich die bittersten Tränen meines Lebens geweint habe – und dort überall habe ich dich irrsinnig geliebt.)

Dass Hilde Domin »Cortés und Marina« vor allem als poetische Rache wertete, war eine weitere Möglichkeit zum Selbstbetrug. Gewährte es ihr doch, neue Hoffnung aus Totgesagtem keimen zu lassen: *ein Baum mit seltsamem Namen, ein Baum wie alle Bäume, wuchs aus mir, wie aus allen Toten, gleichgültig, wo.*

Es gibt etliche Pflanzen und Bäume auf Haiti, die seltsame Namen tragen: Guanábana zum Beispiel, auch Sauersack genannt, dessen Samen und auch Früchte den Verstorbenen beigelegt wurden. In dieser üppigen Natur »offenbart sich uns, den Bewohnern der nordischen Zonen, von ungewohnten Pflanzenformen, von der überwältigenden Größe des tropischen Organismus' und einer exotischen Natur umgeben, die wunderbar aneignende Kraft des menschlichen Gemüts. Wir fühlen uns so mit allem Organischen verwandt, daß, wenn es anfangs auch scheint, als müsse die heimische Landschaft wie ein heimischer Volksdialekt uns zutraulicher und durch den Reiz einer eigentümlichen Natürlichkeit uns inniger anregen als jenc fremde Pflanzenfülle, wir uns doch bald in dem Palmenklima der heißen Zonen eingebürgert glauben«. Alexander von Humboldt pries die überwältigende Macht der Tropen in seinen »Ansichten der Natur«, die ebenso zum Bücherschatz der Palms gehörten wie Schröders »Reiseführer durch das Pflanzenreich der Tropen«. Darin findet sich folgende Widmung Erwin Walter Palms:

Der Zauberbaum

wir kannten ihn, schon ehe wir ihn sahn,
wir sahen ihn mit Sehnsucht,
weil wir wussten,
es ist zu lang bis wir ihn wiedersehen.

»Zauberbaum« oder »Wunderbaum« nennt man nur die Rizinuspflanze – die auf Haiti wächst.

Mit der Rizinuspflanze klingen biblische Motive aus dem Gleichnis von Jona und dem Walfisch an: Jona, der von Gott den Befehl erhält, sich aufzumachen, um der verderbten Stadt Ninive ihren Untergang zu verkünden; der auf einem Schiff flieht, ins Meer geworfen, von einem Wal verschluckt – und wieder ausgespien wird, so dass er beim zweiten Anlauf seine Mission erfüllen kann, ja, erfüllen muss. Er baut sich außerhalb der Stadt eine Laubhütte, um den Niedergang Ninives zu beobachten. Zu Jonas Schutz gegen die sengende Sonne lässt Gott eine enorme Rizinuspflanze aus dem toten Boden sprießen, die ihm Schatten bietet. Die Ankündigung der Vernichtung hat bei den Niniviten Reue und Buße ausgelöst, so dass Gott die Stadt begnadigt. Das missfällt Jonas, worauf Gott die behütende Pflanze verdorren lässt. Dem heißen Wind nun schutzlos ausgeliefert, wünscht sich Jona den Tod, doch Gott rügt ihn:

> »Dich jammert die Staude, um die du dich nicht gemüht hast, hast sie auch nicht großgezogen, die in einer Nacht ward und in einer Nacht verdarb; und mich sollte nicht jammern Ninive, eine so große Stadt ...«

Damit endet das Buch des Propheten Jona. Jona und der Walfisch waren Hilde Domin wohlvertraut. Beide zog sie oft in Briefen zu Vergleichen heran, empfand sich Jona nicht unähnlich. Die biblische Geschichte lässt ihren Fortgang genauso offen wie das Gedicht den Ausgang des makabren Wettlaufs, dessen Ziel nur die Beiden kennen, die den Zweikampf austragen.

Hilde Domin hatte Erwin Walter Palms Bitte um Vergebung angenommen und wie Jonas war sie bereit, im zweiten Anlauf ihre Mission zu erfüllen. Die Verzweiflung, dem Tode nah gewesen zu sein, hatte die Metamorphose bewirkt, die aus Verzagtheit das fremde Gewächs Hoffnung keimen ließ. Das gedeihen und überleben würde. Auch wenn der Ort noch genau so vage war wie der Zeitpunkt.

Denn der Wettlauf zwischen den Beiden forderte einen längeren Atem und trug sie immer wieder zum Ausgangspunkt ihres Lebensspieles zurück. Vieles sollte sich wiederholen. Neun Jahre später wird Hilde Domin deshalb in ihrem Gedicht »Rückkehr der Schiffe« wieder auf die bekannten Bilder der fliehenden Schiffe zurückgreifen und erneute Enttäuschung thematisieren – die wieder in Hoffnung mündet. *Aber nichts stirbt ganz. Schläft nur in dir, dem fast Toten. Alles kann wieder kommen. Nicht so. Aber doch, auf seine Art, wieder-kommen. Auch das Schiff. Alle deine Schiffe zugleich. Ein sanftes Licht. Du weißt es selber nicht, sind die Schiffe heimgekehrt, heben sich hohe Bäume aus dir?*

»Makabrer Wettlauf« wurde unter diesem Titel 1959 in Hilde Domins erstem Gedichtband »Nur eine Rose als Stütze« veröffentlicht, das Werkverzeichnis datiert das Gedicht auf 1952. 1959 stellte Hilde Domin in der Schweizer Klausur von Astano Gedichte für ihren ersten Gedichtband zusammen, sortierte alte Manuskripte, überarbeitete und ordnete neu zu: Der makabre Wettkampf, den das Paar um Dichtkunst und Liebe führte, wurde zu jener Zeit ungemindert weiter ausgetragen, so dass die alten Narben schmerzten. Hilde Domin konstatierte traurig: *Im Ganzen, nachdem es nun so unendlich in der Ferne liegt: es tut einem die Schreiberin fast leid.*

Unter seinem ursprünglichen Titel »Du sprachst vom Schiffe-Verbrennen« fand das Gedicht 1968 in dem Zyklus »Höhlenbilder« seinen Platz – einer Auswahl erotischer Liebesgedichte aus der Anfangszeit in Santo Domingo. Dort ist es auf 1951 datiert. Und das entspricht nicht nur dem handschriftlichen Manuskript, das den 7. 12. 1951 als Datum seiner Entstehung führt. Als Gedicht, das aus verzweifelter Liebe geboren wurde, ist es dort genau richtig aufgehoben.

Du sprachst vom Schiffe verbrennen
– da waren meine schon Asche –
Du träumtest vom Anker-lichten
– da war ich auf hoher See.
Von Heimat im fremden Land
– da war ich schon bestattet
in der fremden Erde
und ein Baum mit seltsamem Namen,
ein Baum wie alle Bäume
wuchs aus mir
mit allem Leben
gleichgültig wo.

17.12.51

2

TOPOGRAPHIE

Ich bin eine bunte
Topographie.

Blaue und rote Fahnen
auf weißem Grund

markieren die Hügel
wo aller Widerstand

der rebellischen Heere
deinem Durchbruch erlag

und meine Soldaten
zum Feind desertierten.

Im Juni 1952 kapitulierte Hilde Domin unter dem seelischen Druck. Wie ein waidwundes Tier suchte sie in der Abgeschiedenheit der Berge von Haiti nicht nur Zuflucht, sondern mobilisierte neuen Kampfgeist. Denn ihre Ehe war auf Kampf ausgerichtet.

Hilde Domin greift in »Topographie« auf die Terminologie der Kriegsführung zurück und unterstrich auch in ihren Briefen mit Bildern der Kampfsprache die Misere ihrer Ehe. *Wie soll mir nicht der Mut sinken wenn Du mich für Deinen Erfolg verantwortlich machst. Da bin ich wie ein kleiner Soldat mit einem Maschinengewehr der einen Hügel gegen eine Armee halten soll: du sagst, »Wenn Dir nur einer meiner verhassten Feinde entkommt, so will ich Dich kreuzigen.« Wie soll der kleine Soldat da Kampfgeist haben?*

Im Rückblick erschien es ihr kaum mehr erstaunlich, dass Erwin Walter Palms *Fahnenwechsel sich zu einem Zeitpunkt vollzog, an dem sie gerade sehr darniederlag, schutzbedürftig und nicht schutzverheissend* – selbst 1960 noch verarbeitete Hilde Domin ihre traumatisierenden Erfahrungen jener Zeit auch in ihrem autobiografischen Roman »Das Zweite Paradies«.

Die körperlichen Spuren ihrer Auseinandersetzung mit Erwin Walter Palm, die ihren Körper brandmarkten, ließen sich in Haiti diesmal nicht mehr als *topographie amoureuse* schönreden. In dieser prekären Lage wählte sie die französische Sprache nicht nur, weil es Haitis Landessprache war. Immer schon hatte sich Hilde Domin auf die elegante Diplomatensprache besonnen, wenn sie Unsagbares benennen sollte. Ihr Französisch war nicht fehlerlos, doch poetisch: *Cette petite marquée qu'ont laissée sur mon dos tes caressse de se dernier matin un peu languissant (ce que j'ai appelé autre fois ›topographie amoureuse‹ et ce qui m'a consolé un peu quelques fois même en ville en me convaincant ce que je n'avait pas eu une rêve solitaire) cette petite marquée de tes dents n'y en plus, il y a beaucoup de jours et je suis toute blanche. (*Dieser kleine Abdruck deiner Liebkosungen dieses letzten mit (ein bisschen) Sehnsucht gefüllten Morgens auf meinem Rücken (was ich bei anderer Gelegenheit »Topografie der Verliebtheit« genannt habe und das mir sogar manches Mal in der Stadt das beruhigende Gefühl gegeben hat, keineswegs nur einfach geträumt zu haben), dieser kleine Abdruck deiner Zähne ist verschwunden, es ist ja auch schon einige Tage her und meine Haut ist ganz weiß.*)*, schrieb sie Erwin Walter Palm in den Tagen um ihren 43. Geburtstag. Weit weg von ihm. Emotional und räumlich.

»Kenscoff Hotel Chatelet des Fleurs, 5.000 feet above sea level in cool Kenscoff, is only 35 leisure minutes from Port-au-Prince through charming country side by well paved road.« Der Briefkopf des Hotels versprach ein tröstliches Refugium, doch Hilde Domin konnte der Sinn nicht nach Freizeitvergnügen gestanden haben. Sie hätte mit ihrer Flucht nach

Haiti die Entfremdung zwischen sich und ihrem Mann nicht deutlicher markieren können. Santo Domingo – Haiti: Inselbrüder, die trotz räumlicher Nähe wenig gemeinsam haben. Hat doch selbst die Natur »eine scharfe, gezackte Linie, [...] wie mit einem Messer quer über die Insel gezogen. Die Bürger der Dominikanischen Republik und die dort lebenden Haitianer sind nicht nur wirtschaftlich, sondern auch kulturell getrennt: Sie sprechen unterschiedliche Sprachen, kleiden sich unterschiedlich, nehmen andere Nahrungsmittel zu sich und sehen im Durchschnitt auch verschieden aus«.

Und so nimmt auch die Flagge der Dominikanischen Republik die unterschiedliche Topographie und die wechselvolle Geschichte der Insel Hispaniola in ihren Farben auf, die sich die ungleichen Brüder immer wieder teilten. Farben, die von Unterdrückung und Befreiung, vom Aufbegehren und Kämpfen, vom Unterliegen und Siegen zeugen. Der dominikanische Freiheitskämpfer Juan Pablo Duarte unterstützte die Befreiung Santo Domingos vom Joch Haitis mit seiner geheimen revolutionären Gesellschaft »La Trinitaria«. Und dennoch nahm er die haitianische Flagge zum Vorbild für sein dominikanisches Freiheitsbanner – so wie auch schon der schwarzhäutige haitianische General Jean-Jacques Dessaline, der Haiti aus der Herrschaft der Franzosen geführt hatte, vor ihm die französische Flagge nur wenig abgewandelt hatte. Der Trikolore fehlte lediglich das unschuldige Weiß, nachdem man sich der französischen Herrschaft entledigt hatte. Dessaline beließ Rot und Blau, doch legte er die Farben waagrecht.

Duarte brachte später über diese rot-blauen Streifen das weiße Kreuz des Ordens der Dreieinigkeit auf und legte den Symbolcharakter der Farben fest: Rot stand für das vergossene Blut seines Volkes, Blau für die grenzenlose Freiheit, Weiß für die Opfer der Zivilbevölkerung während des Freiheitskampfes.

Am 6. November 1844 wurden schließlich die blauen und roten Rechtecke am fliegenden Ende der Fahne ausgewechselt, das weiße Kreuz durchgezogen. Die Flagge erhielt damit ihr heutiges Aussehen und vermittelt den Eindruck von roten und blauen Rechtecken auf weißem Grund:

Blaue und rote Fahnen
auf weißem Grund
markieren die Hügel

Rot für das Blut, Blau für die Freiheit, Weiß für das persönliche Opfer – die Vielfalt der Emotionen Hilde Domins korrespondierte mit diesen Farben. Mit allen verfügbaren rebellischen Kräften hatte sie sich nach Haiti zurückgezogen, wo hohe Hügel die Trennung vom Inselbruder markieren und Rückzugsmöglichkeiten garantieren. Und doch gab Hilde Domin ihren Widerstand auf und unterwarf sich einmal mehr den immer gleichen Spielregeln, die seit Beginn ihrer Beziehung Bestand hatten: Sie machte sich Erwin Walter Palm bewusst zum Gegner, um sich ihm zu unterwerfen. Ihr Glücksgefühl nährte sich aus beidem: diesem Gegner zu widerstreben und ihm dann zu unterliegen.

wo aller Widerstand
der rebellischen Heere
deinem Durchbruch erlag.

In Haiti ergab sich Hilde Domin Erwin Walter Palms Bitten um Vergebung. Der Widerstand gärte ein Leben lang.

3

DAS KLEINE ROTE BAND

Versengter Geruch meiner Hand,
ich bins nicht.
Weißes Haar auf dem Hals,
nicht du.

Aber ein einziger Schnitt und
auf dem kleinen roten Band,
das nicht wir sind,

fährt das Unsere hinaus
wie eine Schnur von Schleppkähnen
rheinabwärts.

Alles verläßt uns
auf dem kleinen roten Band,
das nicht wir sind.

Der feuchte Fleck
wie vergossenes Öl
oder verschütteter Wein,
waren wirs?

Die Sichtung von Hilde Domins Nachlass in ihrer Wohnung nach ihrem Tod am 22. Februar 2006 zog sich über mehr als fünf Monate hin. Nicht nur galt es Tausende von Briefen, mehr als zehntausend Bücher, unzählige Ordner und Zettelkästen zu bewerten, sondern auch kleine Schachteln, Winzigkeiten, Fundstücke, scheinbar Alltägliches oder vermeintlich Wertloses durchzusehen: Blauschillernde Schmetterlingsflügel auf rosa Watte gebettet, zarte weiße Daunenfedern auf blauem Samt, Muschelhälften inmitten der wenigen verbliebenen Schmuckstücke – nach dem Tod ihres Mannes Erwin Walter Palm hatte sich die Witwe von vielen Preziosen getrennt, sie an Freundinnen verschenkt.

Nicht alles aus dem Nachlass schien bewahrenswert, nicht alles konnte bewahrt werden. Die Geschichte der kleinen Muschel wie die etlicher anderer Unscheinbarkeiten offenbarte sich erst, als die unzähligen Briefe aus Domins Nachlass zugänglich und ausgewertet wurden.

Wäre 1952 nicht eine persönliche Krise eskaliert, hätte sich im Nachlass möglicherweise auch ein organisch wirkendes, unansehnliches, ehemals wohl blutrotes Bändchen befunden, das als bloße Reminiszenz bewertet und dann entsorgt worden wäre. Meine These ist, dass es sich tatsächlich um die Nabelschnur des Embryos handelt, den Hilde Domin bei der Fehlgeburt 1952 verlor. Sie hatte sich gegen das Bewahren entschieden und das *kleine rote Band* vernichtet. Verbrannt in einer dramatischen Aktion.

Versengter Geruch meiner Haut.
Ich bins nicht.
Zwanzig Jahre danach.

Ende April 1973 betraten Hilde Domin und Erwin Walter Palm zum ersten Mal seit ihrer Rückkehr aus dem Exil nach Deutschland im Februar 1954 wieder den Boden der Dominikanischen Republik, die mehr als dreißig Jahre zuvor die rettende Küste zum Landen geboten hatte und deren Namen Hilde Domin zu ihrem Pseudonym inspirierte: *Nennen Sie sich, sagte einer, als ich in Europa an Land ging, mit dem Namen Ihrer Insel.*

Sie kamen 1973 gerade noch rechtzeitig, um das Haus in der Avenida Independencia 94 noch einmal zu besuchen, das von 1944 bis zu ihrer Ausreise 1954 ihr Heim gewesen war.

Ein großes Plakat kündigte bereits den Abriss an. Das Kolonialstilgebäude, dessen Zufahrt die damalige Haushälterin beim Einzug Hilde Domins mit Zucker bestreut hatte, um die Geister milde zu stimmen, musste einem Klinikneubau weichen. Die Nähe zum Meer überzog die Terrasse vor dem Haus weiterhin wie früher mit feuchtem Algengrün, während der Abendwind die Besucher angenehm umfächelte. Hilde Domin erinnert sich in »Meine Wohnungen – ›mis moradas‹« in ihren autobiografischen Schriften an diese Wiederbegegnung. Was mag nach so langer Abwesenheit ins Auge fallen und dem Leser mitteilenswert scheinen? Was prägt die erste Wahrnehmung der Wiederbegegnung?

Aus dem Halbdunkel des tropischen Hauses lösten sich Bilder aus der Vergangenheit. Lichte Erinnerung: Im Badezimmer, das sich die Palms in jenen Jahren mit einer *schönäugigen Kröte* in der Toilette teilten, hatte Hilde Domin die Manuskripte ihres Mannes getippt, denn es war der kühlste Raum des Hauses. Nächtliche Abkühlung machte nicht nur die Temperaturen erträglich, sondern war unerlässlich, um dort Architekturfotos für die Dokumentationen Erwin Walter Palms entwickeln zu können. Doch nicht diese Erinnerungen stellten sich als Erstes ein, sondern die Erinnerung – an einen Fleck: *Wie wir also unser Haus begingen, am Nachmittag, aber noch bei gutem Licht,* [...] *kamen wir auch zu dem historischen Flecken auf dem Fussboden unseres Esszimmers. Da war er. Die zwanzig Jahre hatten ihm kaum mehr angehabt als die Salzsäure, mit der wir es versucht hatten. Gewöhnlich werden oder wurden solche Holzböden dort mit Sand und Bürste gescheuert, wie früher in Europa auch. Der Flecken unter unserem Esstisch, der seither ja mit dem Fussboden selbst beseitigt ist, war ein memorabler, und ich wundere mich heute, wieso wir überhaupt versuchten, ihn loszuwerden.*

Welche Bedeutung muss einem Fleck zugemessen werden, dass er zwanzig Jahre später als erster Eingang in autobiografische Erinnerungen einer Dichterin findet? Der *memorable* Fleck, der in das Gedicht aufgenommen worden ist, das

Hilde Domin bei seinem Entstehungsprozess mit den *Höhlenzeichnungen der Primitiven* verglich, war nicht nur tief in das Holz des Bodens eingedrungen, er hatte sich dort nicht nur der Salzsäure, sondern auch dem tilgenden Vergessen widersetzt.

Der feuchte Fleck
wie vergossenes Öl
oder verschütteter Wein,
waren wirs?

Öl und Wein werden bei der Sakramentenspendung eingesetzt. Öl und Wein als Sinnbild des vergossenen Blutes Christi, verheißen Segen und Heilung. Beides mag Hilde Domin erfleht haben, als in jenem Sommer 1952 die ersehnte Schwangerschaft in einer dramatischen Fehlgeburt endete.

Alles verläßt uns
auf dem kleinen roten Band,
das nicht wir sind.

Weit weg von ihrem Mann und im Einklang mit der Natur fanden Körper und Seele in Haiti wieder zusammen. Schreiben, Katharsis, »Höhlenzeichnungen«. *Sie kamen mir wirklich in einem Moment solch seelischen Drucks dass ich, ohne das, ihn nicht überstanden hätte. Ich bin aufrichtig der Überzeugung es war die Rettung vor Selbstmord oder Irrenhaus. Weisst Du es war eine Art Gnade, ein Zeichen von jenem Göttlichen, von dem ich Dir unter Tränen in vielen Nächten versicherte es sei auf meiner Seite. Und, ganz abgesehen von dem Trost in der verzweifelten Einsamkeit, war es doch etwas wie die Höhlenzeichnungen der Primitiven.* […] *Die Tränen, die ich geweint habe als ich das Gedicht mit dem »roten Band« schrieb, tu sais bien que tu les as très tendrement séchées. Tu m'a pris dans tes bras, deux jours après, si doucement comme si j'aurais été tienne pour la première fois.* […] *Und zeitweilig waren jene Gedichte für mich, neben allem Weiteren, eine Art Ersatz für das Kind, das ich nicht haben darf: als ob darin der flüchtige Augenblick weiterlebe.* […] (Du weißt genau, dass Du sie sehr zärtlich getrocknet hast. Du hast mich in Deine Arme genommen, so behutsam, als sei ich zum ersten Mal Dein geworden).

Die Gedichte aus der Zeit in Haiti kreisen um den Schmerz, der sich wie ein gefangener Vogel wundfliegt im Klagen über das verlorene Kind, das sie nicht *haben durfte;* Schmerz, der sich wie ein rotes Band durch ihre Gedichte und ihr weiteres Leben ziehen wird: *Das kleine rote Band, das nicht wir sind* – vielleicht sehr real mehr als Symbol für das Ungeborene, das das Ehepaar dennoch nie verbunden hätte.

Beschwor die Trauer um das zweite verlorene Kind die Erinnerungen an den Verlust des ersten herauf?

Hilde Domin war 1940 schon schwanger in Santo Domingo angekommen. Die beiden jüdischen Flüchtlinge hätten sich im Exil in der Karibik gerettet fühlen und eine Familie gründen können – doch Hilde Domin hatte dieses erste Kind nicht ausgetragen: *Erwin wollte kein Kind, nie. Er empfand das als einen Verzicht. Auf mich und auf seine ewige Jugend.* Ein Eingriff in einem düsteren Hinterzimmer, ein Schnitt – und der dominikanische Arzt hatte die Schwangerschaft beendet. Um der Patientin den traurigen Beweis zu liefern, dass er seine Aufgabe gewissenhaft erfüllt hatte, präsentierte der Arzt den blutigen Fötus, indem er ihn neben der Liege aufhängte.

Hilde Domin hatte die erschütternden Umstände unmittelbar nach der Abtreibung schriftlich festgehalten. Schon damals hatte Schreiben ihr das Weiteratmen ermöglicht, wenn die Realität ihr den Atem zu nehmen drohte. Die traumatische Erinnerung verblasste nie, und Hilde Domin weinte auch noch fünfzig Jahre später, als sie ihre *Aufzeichnungen für einen Arzt* über diese Stunden erneut las. Wehmut über das verlorene Kind drängte sich in ihre Träume und fand Zuflucht in ihren Gedichten.

Zweimal hatte Hilde Domin wachsendes Leben in sich getragen. Zweimal hatte *das kleine rote Band* die Verbindung zwischen zwei Menschen nicht gehalten. Zweimal greift auch die Sprache den Verlust in dem Gedicht »Das kleine rote Band« auf. Der zweite Verlust war endgültig. Er raubte alles.

Aber ein einziger Schnitt und
auf dem kleinen roten Band,
das nicht wir sind,

Alles verläßt uns
Auf dem kleinen roten Band,
das nicht wir sind.

Auf der Suche nach einem Halt irrt das sprechende Ich umher, flüchtet sich in die Vergangenheit – um endlich beim Elternhaus anzukommen, das ihr seinen Schutz nie verwehrt hatte. *Mein Julilaub / mein Windschutz / meine Mutter. /,* hatte Hilde Domin für ihren autobiografischen Roman als Motto gewählt und damit nicht nur die Mutter geehrt, sondern auch die eigene Kindheit wachgerufen. Kindheit war Heimat. Heimat war Köln und Köln vom Rhein nicht zu trennen. Als im karibischen Haiti alles zu entgleiten drohte, tauchten die Bilder des Rheins auf, der sie immer in Vertrauen und Geborgenheit gewiegt hatte. »Vater Rhein« – Sinnbild für die Quelle der Zuversicht im Kölner Elternhaus.

fährt das Unsere hinaus
wie eine Schnur von Schleppkähnen
rheinabwärts.

Das Ihre entglitt *rheinabwärts* – und führte damit nicht zum Born der Glückseligkeit zurück, sondern trieb sie dem offenen Meer entgegen, das sie der Heimat entführte.

Bevor sie sich selbst abhanden kam, mobilisierte Hilde Domin in jenem August 1952 in Haiti alle Kräfte, die der alten *Hasengöttin* noch innewohnten und erwirkte für ihren Mann ein *Guggenheim Fellowship.* Als Gegenleistung verlangte sie von ihm in New York, sich von seiner Geliebten Maria Luísa loszusagen: Mit einem definitiven Abschiedsbrief sowie der Vernichtung sämtlicher vertraulicher Korrespondenz. Erwin Walter Palm hielt sein Versprechen nicht. In einer dramatischen Aktion verbrannte Hilde Domin daraufhin etliche der Briefe Maria Luísas auf einer heißen Herdplatte – und gab damit das kleine rote Band endgültig verloren. Die spätere Überarbeitung und Neudatierung der ersten Fassung des Gedichtes sollte die Bilder der persönlichen Betroffenheit endlich auflösen.

Versengter Geruch meiner Hand
wie Huhn auf dem Grill,
ich bins nicht.
Nase wie Talg in der Sonne,
weisses Haar auf dem Hals,
nicht wir.

Aber ein einziger Schnitt,
und auf dem kleinen roten Band,
das nicht wir sind,
fährt das Unsre hinaus
wie eine Schnur von Schleppkähnen
Rheinabwärts:
die verzweifelte Liebe,
die Angst und die Hoffnung,
und alle zärtliche Sorge
um das Kinderherz des Geliebten,
unsre ~~die~~ intimen Bilder,
Vogelnester
in unserm eigensten Wald,
alles verlässt uns
auf dem kleinen roten Band
das nicht wir sind.

Der feuchte Fleck
wie vergossenes Oel
oder verschüttteter Wein
auf ~~in~~ der Matraze
oder ~~auf~~ der Wiese unter den Fichten,
waren wirs?

29.8.52

4

HARTE FREMDE HÄNDE

Harte fremde Hände
sollen über mich fahren
wie Pflüge
und deine Wurzeln zerreißen.
Ich will meinen Körper einreiben
mit fremdem Schweiß
wie mit einer beizenden Salbe
daß alle Poren vergessen
wie du riechst.
Haare ohne Namen
sollen auf meiner Haut liegen
wie Tannennadeln auf dem Waldboden,
andere Lippen die Augen küssen
die für dich weinen.

Und meine Seele, die dich sucht
so natürlich
wie abends ein Vogel über das Meer fliegt,
verliert die Richtung
und kommt
nie wieder an Land.

Hilde Domins Vorsatz, sich durch ihre Flucht nach Haiti für Palm *a little inaccessible* zu machen, erwies sich schnell als Illusion. Denn aus der Distanz heraus verfing sie sich umgehend in den alten Schlingen: Kaum getrennt, verzehrte sie sich nach Erwin Walter Palm, verzieh ihm und stand wieder in seinen Diensten: Sie bearbeitete paradoxerweise sogar die Dramen, die sie in grenzenlose Panik versetzt hatten, weil Palm darin ihre Beziehung schonungslos bloßgestellt hatte. Sie ergab sich mönchischer Kopierarbeit, tippte mangels Blaupause seine Manuskripte wieder und wieder ab. Dreifache Ausfertigung hatte er gewünscht, die sie anschließend auch noch ins Spanische und Englische übersetzte und auch davon jeweils drei Kopien anfertigte, um sie an Verlage zu versenden.

Wieso der Rückfall in diese Demut? Palms kurzer Besuch in Haiti mit symbolischem Kniefall vor seiner Frau hatte nichts am Grundkonflikt geändert. Unter diesen Umständen mussten die Tage nach ihrer Rückkehr nach Santo Domingo zermürbend bleiben. Sie wurden zur Qual, als Hilde Domin dort auf die Korrespondenz Erwin Walter Palms und seiner Geliebten stieß, die offenlegte, was sie bisher befürchtet, doch verdrängt hatte: Beide verband eine feste Liebschaft. Und so entschloss sich Hilde Domin am *Morgen nach einem Tag, wo die Qual zwischen* [ihnen] *unerträglich war*, die in Haiti ausgesprochenen Drohungen umzusetzen, als ihr Mann sie zu ihrem Geburtstag nicht wie gehofft besucht hatte: *Je me ferais frivole*. Weder aus noch ein wissend, wollte sie in höchster Verzweiflung Gleiches mit Gleichem vergelten. Jahre später erst schilderte sie ihrem Bruder die dramatischen Umstände aus jener Zeit in Santo Domingo: Sie hatte *beinahe im Hass gegen* [Erwin] das Haus verlassen: *Denn er hat Dinge getan, die man niemanden erzählen kann. Du weisst, dass ich auf die Strasse ging, um mich zu prostituieren. Um mit mir selber ein anderes Ende zu machen. Ich ging hinter einem Neger her. Dann begann ich zu laufen und kam weinend in das Haus von Freunden. Es war ein so Äusserstes. Wie er es erfuhr, bekam er einen Schock und kam auf einen Augenblick zurück.* […] *Ich starb fast, ich konnte mich aber nicht umbringen.* Quälende Hoffnungslosigkeit auch noch nach sieben Jahren.

Enttäuschung, Verzweiflung, Wut und Schmerz hängen wie an einem scharfen Fleischerhaken in dem Gedicht

»Harte fremde Hände«. Gehäutet und der Öffentlichkeit preisgegeben. Mit Stumpf und Stiel sollte Vertrautes getilgt werden. Schonungslos sollten *harte fremde Hände über* [sie] *fahren wie Pflüge und* [seine] *Wurzeln zerreißen.* [...]. Ihre Poren sollten mit *fremdem Schweiß* gebeizt, *Haare ohne Namen* auf ihrer Haut liegen. In den Briefen, die dem Gedicht folgten, fegte Hilde Domin Erlittenes mit eisernem Besen zusammen und warf ihrem Mann die kümmerlichen Überbleibsel seines *Folterprogramms* vor die Füße. Gründlich deutsch sei er im Zerstören gewesen und dass er sie *wie eine Katze, die man partout ertränken will und der man nicht vergönnt, Fuss zu fassen* immer von Neuem ins Wasser geworfen hatte. Und doch kehrte sie zu ihm zurück. Mehr noch: Nach heftigen Auseinandersetzungen kniete sie nachts vor seinem Bett und wusch die Hand, die sie verletzt hatte. Sie sollte wieder »rein« sein. Ihr war bewusst, dass das irrational war und dass ihr *auf der Seite des Rationalen und der Energie etwas abhandenkommen könnte.* Doch wieder siegte die Sehnsucht auf Hoffnung nach der versöhnenden Hand. *Damit, wenn am letzten Tag sie vor Dir auf der Bettdecke liegt, wie eine blasse Blume so matt aber nicht ganz so leicht und nicht ganz so rein, sondern wie eine Menschenhand, die befleckt und gewaschen wird und wieder befleckt, Du ihr dankst und sagst: Lebe wohl meine Hand. Du warst ein liebendes Glied zwischen mir und der Welt.*

Dennoch war etwas zerstört: Der lange Jahre gehegte Wunsch, mit Erwin Walter Palm gemeinsam in einer Umarmung zu sterben – als Ausdruck bedingungsloser Zuneigung –, wie es von einem Liebespaar in der Renaissance überliefert worden war. Tatsächlich kam das mit dem Tod *nie wieder in Ordnung.* [...] *Der Tod ist kein gemeinsamer Tod mehr. Seiner, mit mir, ja. Meiner nicht. Er weiss das,* schrieb sie dem Bruder. Verstörend gesellte sich Panik hinzu bei dem Gedanken, dass ihre Mutter auch noch nach dem Tod vom Leid ihrer Tochter erfahren könnte. Bisher hatte Hilde Domin an ein Leben nach dem Leben geglaubt und es als tröstlich empfunden. Nun betete sie, dass es kein Weiterleben nach dem Tod geben möge. Dass ihr damit nicht nur bange vor dem Leben, sondern auch vor dem Tod war, lastete sie Erwin Walter Palm an.

Wie konnte sie dennoch am Zusammenleben mit Erwin Walter Palm festhalten? Hilde Domin besann sich genau auf die Energien, die in Extremsituationen freigesetzt werden, weil sie emotionales Überleben garantieren. Ist der Rubikon erst einmal überschritten, gibt es kein Zurück mehr – auch bei Hilde Domin waren die Würfel längst gefallen. Sie hatte sich auf das riskante Unterfangen ihres Lebensgespräches mit Palm eingelassen und würde daran festhalten. Sie griff auf ihre Ressourcen zurück und zehrte von den gespeicherten Vorräten ihrer Liebe, die in ihr lagerten wie *Minen in einem Berg.*

Als Trost blieben ihr Gedichte – nicht nur die, die sie selbst schrieb. Balsam waren auch fremde Verse. Rafael Alberti war den Palms seit den ersten Tagen des Exils auf Hispaniola Seelennahrung gewesen. Einen Band mit seinen Gedichten hatte Hilde Domin gleich von ihrem ersten Einkauf im neuen Land mitgebracht. Gedichtelesen blieb die Kost, die beiden Überleben garantierte. An Albertis Sprache hatten sie ihr Spanisch vervollkommnet, mit seinen Bildern ihre ausgehungerten Seelen gespeist. Vor allem Albertis Engelsgedichte stillten Hilde Domins Sehnsucht nach Geborgenheit: »Wenn meine Stimme an Land stirbt, / bringt sie hinunter ans Meer / und laßt sie mir am Strande.« Hilde Domin fühlte ihre Seelenverwandtschaft zu Alberti. Beide hatten *eine heitere Anlage,* die Verzweiflung zu mildern vermochte. Und so darf es wundern, wenn Albertis Bilder in Hilde Domins Worten nachhallen: *Und meine Seele, die dich sucht / so natürlich / wie abends ein Vogel über das Meer fliegt, / verliert die Richtung / und kommt / nie wieder an Land.*

Die sanften Worte täuschen. Sie täuschen darüber hinweg, dass sich in Hilde Domin in jenen Tagen innerer Widerstand formiert hatte. Mit Leib und Seele würde sie deshalb nicht wieder zu Erwin Walter Palm zurückfinden, dazu war das Vertrauen zu sehr erschüttert. Mochte sie ihm ihren Leib lassen, ihre Seele hatte sich aufgeschwungen. Sie hatte eine neue Richtung genommen und wollte *nie wieder an Land* kommen.

NEW YORK

Herbst 1952 bis Februar 1954

Vademecum – Auf welch verläßlichen Stern?

Der Herbst 1952 beendete vorläufig das zwölfjährige Exil in Santo Domingo. Hilde Domin hatte mit einem letzten Aufbäumen die 1947 in New York geknüpften Kontakte aktiviert und in Palms Namen ein Stipendium der »John Guggenheim Memorial Foundation« erwirkt (die Unterschrift Palms konnte sie immer noch gut genug, sie hatte sie schon Jahre zuvor nachgemacht, als sie Bewerbungen an amerikanischen Universitäten für ihn eingereicht hatte). Der besondere Reiz des Guggenheim-Stipendiums lag in der Freiheit, mit der der Stipendiat über die gewährten Gelder verfügen konnte: Ohne an belastende Bedingungen gebunden zu sein, durfte er seine Kreativität ausleben, die der Leistungsdruck und die beruflichen Zwänge des Universitätsalltags normalerweise abschnürten. Die »advanced professionals in mid-career« hatten lediglich bereits erfolgte Veröffentlichungen vorzuweisen.

Tatsächlich hielt Hilde Domin und Erwin Walter Palm zu jener Zeit nicht mehr viel in Santo Domingo: Aufstiegschancen hatten sich an der dominikanischen Universität keinem der beiden eröffnet. Darüber täuschte auch nicht hinweg, dass Palm seit 1948 zum »Jefe de la Sección de Arqueología Colonial de la Universidad de Santo Domingo« bestellt war, also zum Leiter der Abteilung für koloniale Archäologie der Universität. Der Posten bestach eher durch seinen imponierenden Titel als durch ein ordentliches Gehalt. Obendrein setzte er ihn der Willkür des Diktators Rafael Leónidas Trujillos aus. Dieser Stellung wegen hatte der Archäologe die Möglichkeit ausgeschlagen, in den USA eingebürgert zu werden, nachdem Hilde Domin 1947 mithilfe der einflussreichen Verwandtschaft nach zweijährigen, mühevollen Behördengängen die Wege dafür geebnet hatte. Schon im April 1953 sollte sich zeigen, wie ausgeliefert sie der Gnade des dominikanischen Diktators waren.

Psychisch und physisch ausgezehrt kam das Ehepaar in New York an. Der großzügige Scheck ihrer Mäzenin Frieda Warburg rundete das Stipendium ab und ermöglichte die Unterkunft in einem Hotel.

Frieda Schiff-Warburg entstammte der einflussreichen Frankfurter Bankiersfamilie Schiff mit enger Beziehung zu den Rothschilds. Vater Jacob Schiff war Vorsitzender der mächtigen Bank »Kuhn, Loeb & Co« gewesen und hatte durch geschicktes Familienmanagement die drei größten jüdischen Bankhäuser der USA miteinander verwoben.

Als Hilde Domin Frieda Warburg kennenlernte, hatte diese bereits den Vorsitz des Bankgeschäftes ihres verstorbenen Mannes übernommen. Der *Kuss der Hochfinanz* brachte Glück. Beide Frauen verband von Anfang an eine innige Freundschaft. Frieda Warburg half solange sie lebte den Palms aus manch finanzieller Misere. Die jüdische Wohltäterin hatte Gefallen an der quirligen und intelligenten jungen Frau gefunden, deren ungebrochener Glaube an die Fähigkeiten ihres Mannes ihr imponierte. *Such outstanding young people like you and your husband will bear fruit and I am glad to back you*, begründete sie ihren Entschluss, das junge Paar mit monatlich einhundert Dollar zu unterstützen – eine stolze Summe angesichts des angesetzten Minimums von 110 Dollar für den Lebensunterhalt in Santo Domingo.

Dank dieser finanziellen Rücklage waren sie nicht auf die Wohnung von Hilde Domins Bruder im New Yorker Stadtteil Kew Gardens angewiesen, die den Eltern Löwenstein bis zum Tod des Vaters und der Übersiedlung der Mutter nach Deutschland geliebte Bleibe gewesen war. Dass sie mittlerweile als Unterstand für Mobiliar zweckentfremdet und kaum bewohnbar geworden war, schien den Palms nicht ungelegen zu kommen. Hatte die idyllische Lage die Eltern bestochen, so schreckte ihre Abgeschiedenheit die Palms eher ab. Sie suchten die kulturelle Anbindung.

Insgeheim hoffte Hilde Domin weiterhin, dass ihnen New York nach dem unglücklichen Einbürgerungsversuch von 1947 doch noch als Sprungbrett für einen Neubeginn in den USA dienen könnte. Seit 1951 verfolgte vor allem sie den Gedanken einer Übersiedelung weiter. Vorerst allerdings wollten sie *die Fahrt nach N.Y. nicht an die grosse*

Glocke hängen, sondern als Transit behandeln. Die Option auf eine Rückkehr nach Santo Domingo hatten sie sich bewusst offengehalten und ihr Haus einstweilen nicht gekündigt, sondern lediglich untervermietet.

Der amerikanische Markt war in den Fünfzigerjahren ökonomisch und intellektuell gesättigt. Zu viele Emigranten drängten in Wirtschafts- und Bildungsbereiche, jeder verzweifelt bemüht, Kontakte zu knüpfen, um beruflich neue Weichen zu stellen. Der Konkurrenzkampf war enorm. Um in ihm zu bestehen, waren Beziehungen unerlässlich. Die Palms verkehrten in den richtigen Kreisen, hatten Zugang zu den maßgeblichen Salons erhalten, in denen sich die geistige Elite New Yorks zusammenfand. Hier begegneten sie so namhaften Künstlern wie der chilenischen Lyrikerin Gabriela Mistral, dem andalusischen Dichter Juan Ramón Jiménez und dem extravaganten spanischen Maler Julio de Diego.

Sie ließen kaum eine der illustren Theateraufführungen aus, besuchten Konzerte und Opern, wie die amerikanische Uraufführung von Igor Stravinskys »The Rake's Progress« vom 14. Februar 1953 in der Metropolitan Opera, die der Meister persönlich dirigierte. Harlem lieferte dazu das Kontrastprogramm und prägte sie so eindrücklich, dass Hilde Domin noch 1992 die Worte eines dunkelhäutigen Astrologen, der am Ausgang der U-Bahn sein Publikum einfing, in eine Laudatio einflocht: Es war schon dunkel, als sie aus dem Subway kamen und auf der Amsterdam Avenue auf einen »Negerastrologen« mit einer großen Himmelskarte trafen. *»The lion needs to be petted«*, raunte er ihr zu. Die nächtliche Begegnung setzte die im Sternbild des Löwen Geborene gleich auch lyrisch um. *Der Löwe braucht Zärtlichkeit* – doch Hilde Domin musste in New York vorerst von ihrer Sehnsucht danach zehren.

An der mangelnden Vielfalt des New Yorker Kulturangebots konnte es also nicht liegen, dass sich die erhoffte Leichtigkeit nicht einstellte.

Persönliche und berufliche Unwägbarkeiten hatte Hilde Domin – wie schon so oft – gleich zu Beginn ihres New Yorker Aufenthaltes mit dem Korsett einer vertragsähnlichen Vereinbarung zu stabilisieren versucht: Sie verlangte von ihrem Mann Aufrichtigkeit und Respekt und bot im Gegenzug an über ihre *Stimmungsschwankungen hinwegzukommen, sowohl über die ›deeps‹ wie über die ›peaks‹*:

a) Ich will mein Bestes tun um diesen molesten und überkandidelten amourösen Zustand abzuschaffen
b) Ich will keine Gedichte mehr machen – und auf keinen Fall Dir zeigen, es sei denn sie handeln von ganz was Anderem
c) For the time being in the interest of promoting more even feelings I shall practise abstinence.
d) Ab Montag will ich wieder gute Sekretärin sein

Palm entzog sich nicht nur dem Wunsch seiner Frau nach Zärtlichkeiten, er wich auch keinen Zoll von seinem Standpunkt ab: Gedichteschreiben musste seine Domäne bleiben, seine Frau hatte ihre schriftstellerischen Ambitionen hintanzustellen und sollte ihm zu Diensten sein, selbst wenn er sich Freiräume geschaffen hatte: Dank des Stipendiums konnte er sich wieder der Lyrik zuwenden, nachdem er seine in Santo Domingo begonnenen Dramen abgeschlossen hatte. Vorträge und die Einladung des elitären »Cosmos Club« in Washington sorgten für räumliche Distanz. Der private Club war (bis 1988) ein reiner Männerclub, dessen Mitglieder die Räume durch das Hauptportal betraten, während weiblichen Besuchern der Seiteneingang zugewiesen wurde.

Die Palms schritten für die anderen in scheinbarer Harmonie durch ein gemeinsames Leben, doch die *sonnigen Luken*, die sich für Hilde Domin sporadisch öffneten, garantierten keine stabile Gemütslage. Sie ging die größte Strecke ihres Wegs *weinend* und nahm ihre desolate Stimmung in ihre Gedichte auf. Die Tristesse der Verse verstörte ihren alten Freund Hans-Georg Pflaum aus Berliner Tagen: Wo war die ihm vertraute Lebensbejaherin geblieben? In keinem der New Yorker Gedichte fand er sie wieder.

Dass sich Erwin Walter Palm ganz seinen schriftstellerischen Ambitionen zugewandt hatte, wertete Hilde Domin als »Jetzt-oder-nie-Krise«, aus der sie ihm auf ihre Weise heraushelfen wollte: mit einem Brief an Charlie Chaplin. Sie bat ihn darin um etwas *sehr Uneigennütziges – a personal sponsorship for a poet who is in the »now or never«« crisis and needs some help.* (eine persönliche Patenschaft für einen Dichter, der in der »Jetzt-oder-nie«-Krise steckt und Hilfe braucht). Obendrein mobilisierte sie ihre Verwandtschaft und alte Freunde, damit sie Erwin unterstützten. Ihre Selbstlosigkeit mochte ihr Mann vielleicht schätzen – näher brachte sie sie ihm nicht. Versteckte Briefe offenbarten, dass Erwin Walter Pam seine Verbindung zu seiner kubanischen Geliebten entgegen allen Beteuerungen nicht gekappt hatte. Der erneute Vertrauensbruch veranlasste Hilde Domin zur überstürzten Flucht nach Santo Domingo.

Doch statt Zuflucht in vertrauter Umgebung fand sie eine Stadt im Umbruch vor. Freunde waren im Aufbruch oder hatten sich schon auf den Weg zurück in ihre Heimatländer gemacht. Nicht wenige waren in dem halben Jahr ihrer Abwesenheit gestorben. Santo Domingo präsentierte sich ihr als *Stadt der leeren Häuser,* zwischen denen sie sich verlor.

Wo konnte sie Halt finden? Hilde Domin erinnerte sich an die kleine Insel Vinalhaven in Maine, dem nordöstlichsten Bundesstaat der USA, die sie im Frühjahr mit ihrem Mann besucht hatte. Die kleine Granitinsel versprach südlichen Trost, denn sie fing die Bilder aus Italien ein, die Hilde Domin im Rückblick als die unbeschwerteste gemeinsame Zeit mit Erwin wertete. Glücksgefühl dominiert deshalb viele der dort geschriebenen Verse – nicht jedoch das längste Gedicht Hilde Domins »Wen es trifft«, das die durch das Exil und den Verlust der Liebe geschlagenen

Wunden thematisiert und die Ambivalenz der Rückkehr vorwegnimmt. Es fokussiert Themen in Grenzsituationen: den Verlust der Liebe und die Heimatlosigkeit. Die anderen acht veröffentlichten Gedichte aus jener Zeit sind filigran und signalisieren zarte Hoffnung auf neues, mögliches Vertrauen. Sommerwärme und sanftes Glück vibriert zwischen den Zeilen, auch wenn Melancholie hörbar mitschwingt. Das Pflänzchen Vertrauen war jung und erst im Wachsen begriffen.

Welche Not Erwin Walter Palm im September 1953 veranlasste, seiner Frau nach Vinalhaven nachzureisen, lässt sich nicht klären. Möglicherweise erkannte er erst jetzt die Tragweite der Entscheidung Trujillos, der höchstpersönlich ohne Begründung zum 10. April 1953 Palm in seiner Abwesenheit seines Postens als Leiter der Abteilung für Kolonialarchitektur enthoben hatte. Wie es nach dem Guggenheim-Stipendium weitergehen sollte, war deshalb völlig ungewiss.

So blieb die Zeit in New York belastend. Die Entscheidung, ob sie den weiteren Weg gemeinsam gehen könnten, nahm ihnen wohl der Deutsche Akademische Austauschdienst ab. Der bot den Exilierten ein Stipendium an, das sie zur Rückkehr in die Heimat bewegen sollte. Die persönlichen Unwägbarkeiten waren damit nicht aus der Welt geschafft. Das Weihnachtsfest 1953 litt unter der Unsicherheit des Aufbruchs, wie die handschriftliche Widmung in dem Buch *Les voix du silence* von André Malraux belegt, das Hilde ihrem Mann zum Geschenk machte:

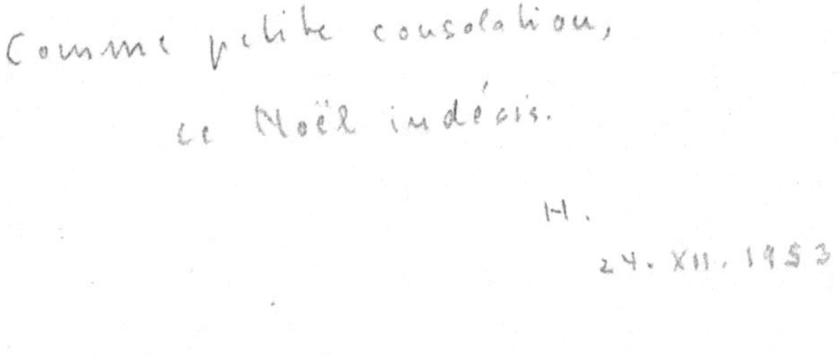
Comme petite consolation,
ce Noël indécis.
H.
24. XII. 1953

(*als kleiner Trost für dieses ungewisse Weihnachten*)

Die Entscheidung zur Rückkehr nach Deutschland und die erforderlichen Rückreisevorbereitungen setzten beide unter Zeitdruck und verpflichteten Erwin Walter Palm, in New York seine Abschlussberichte für die »Guggenheim Foundation« anzufertigen. Hilde Domin reiste deshalb Ende Januar 1954 allein nach Santo Domingo zurück, um dort die Zelte abzubrechen. Entrümpeln, Wohnungsauflösung und die Vereinbarungen mit ihrem Nachmieter, Herrn Wiesbader, mussten auf den Weg gebracht werden, waren mühselig und zeitraubend. Wiesbader wurde als Hausverwalter eingesetzt. Das Haus in der Avenida Independencia sollte weiterhin erster Wohnsitz bleiben.

Die größte Sorgfalt ließ Hilde Domin, wie schon in Italien und England, dem Verpacken der Bücher angedeihen. Mit Unmengen von DDT wurden sie regelrecht eingepökelt, in doppelte Kisten verstaut, die ihrerseits in Zinkkisten gepackt und von einem Schlosser verlötet wurden. Denn ungewiss war, wann die dreiundzwanzig Kisten, die sich schließlich im Untergeschoss des Hauses stapelten, ihre Reise nach Europa antreten sollten. Tatsächlich sollten sie dort sechs Jahre lang lagern.

Den letzten Brief an ihren Mann aus Santo Domingo schrieb Hilde Domin am 6. Februar 1954 – drei Tage bevor das Schiff Richtung Bremerhaven ablegte. Resignation liest sich aus den Zeilen. Denn wie kann einer Frau zumute sein, die seit Jahren um die Liebe ihres Mannes ringt und dann in seiner Schreibtischschublade auf einen großen Vorrat von »Desinfectanter, eine Stunde nach der Syphilitikerin zu gebrauchen«, stößt? Die Erkenntnis, dass ihr Mann in ihrer Abwesenheit Bordelle besucht hatte, stürzte Hilde Domin in abgrundtiefe Verzweiflung. Jegliches kämpferische Aufbegehren schien endgültig zu erlöschen, als alle ihre Versuche, ihren Mann telefonisch zu erreichen, ins Leere liefen. Erwin Walter Palm sei nach einem nächtlichen Telegramm umgehend für ungewisse Zeit mit unbekanntem Ziel abgereist, teilte ihr die Rezeption des New Yorker Hotels mit. Die Magie aus Vinalhaven musste verwirkt sein, doch Domins Sehnsucht nach einem Wiedererstarken der Liebe schien ungebrochen.

> *Mein Herz, mein liebes. Verzeih mir wenn ich noch nicht wieder die alte Standfestigkeit habe. SIE wird schon kommen. Es ist wie eine neue Haut. Noch sehr dünn, die »Rinde des Vertrauens« die regeneriert wurde. Erspar mir Proben denen ich noch nicht gewachsen bin.* […]. *Wer bis an die Grenzen seiner Möglichkeit lebt, ist ein Held, sagt Esperanza, und da hat sie recht. Man kann aber nicht immer Held sein. Das verbraucht. Selbst Tata sagt, die letzten beiden Jahre »le hicieron el servicio de 10«* […]
> *Dies ist einer der letzten Briefe.* […]
> *Mein Lieb, ich möchte in Deinem Arm liegen und mich zuhause fühlen.*

5

VADEMECUM

Der Tote ist unser sichrer Verlaß.
Er sitzt in uns
in sich gerollt
wie ein geschmeidiger Knäuel
oder ein Embryo,
oder so wie ein kleines Tier,
das man in einer Büchse
mit Luftlöchern
in seine Tasche steckt,
nur viel bequemer.
Er verdrängt keinen Raum
und kostet keine Fahrkarte
und kein Extragepäck
in den transkontinentalen Flügen.
Er ist immer da.
Er beantwortet alle Fragen
und fragt nicht.
Er sieht uns an, wenn wir hinsehn,
und dreht sich um, wenn wir wegsehn,
er verlangt nichts,
er enttäuscht nicht,
und er beklagt sich kaum,
wenn wir ihn einen Tag
oder eine Woche vergessen.
Und wenn wir einsam sind
und ihn anstrahlen
leuchtet er Wärme zurück
wie ein Radiator aus Nickel.
Der Tote lügt nicht

und wird nicht belogen
und nimmt nicht teil
an den Kompromissen.
Er ist nicht Verkäufer
noch Ware
in den Ausverkäufen der Angst.
Bist du die Hand,
bist du der Arm,
bist du das Herz
eines andern Lebenden,
stirb schnell.
Dem Toten ist Ganzheit erlaubt.
Beeile dich ein Toter zu sein,
dem Toten
wird Versprechen gehalten.

Eigentlich war Hilde Domin im Frühjahr 1953 schon auf dem Weg ins Theater. Seit Mitte März feierte Tennessee Williams mit seinem neuesten Drama »Camino Real« in New York große Erfolge. Erwin Walter Palm weilte zu Vorträgen in Washington und sollte von dort aus direkt zum Broadway kommen. Auf der Suche nach einem bestimmten Buch durchforstete Hilde noch schnell die Bücherreihen und entdeckte so, zwischen einzelnen Bänden versteckt, Erwins Briefe an seine kubanische Geliebte. Weder hatte er die Korrespondenz wie versprochen vernichtet, noch den Kontakt zu Maria Luísa eingestellt. Dass die Bücherwand obendrein noch eine geheime Kasse freigab, besiegelte den Vertrauensbruch.

Hilde Domin bewahrte dennoch Fassung. So wie sie immer extremer Belastung mit äußerster Ruhe begegnete. Sie brach erst dann zusammen, wenn sie der Gefahr entronnen war. Den Theaterbesuch absolvierte das Paar deshalb wie besprochen gemeinsam. Doch sollte Erwin Walter nach der Vorstellung nicht umgehend einen Abschiedsbrief an die Geliebte schreiben, wollte Hilde Domin am folgenden Montag die Scheidung einreichen. *Der einmal Betrogene – nein der tausend mal Betrogene, glaubt so schwer.* Ihre Empörung zeigte Wirkung: Erwin Walter Palm übergab seiner Frau seine belastenden Tagebuchaufzeichnungen des vergangenen Jahres sowie weitere Briefe Maria Luísas zur Einsichtnahme, bevor er wieder nach Washington abreiste.

In der Einsamkeit eines Maiabends holte Hilde Domin diese Unterlagen wieder hervor. Die neue Rinde des Vertrauens war noch dünn und weil die Narben noch so schmerzten, unterzog sie an jenem 15. Mai 1953 ihre Beziehung – wie schon unzählige Male zuvor – einer grundlegenden Analyse. Weder sich noch ihren Mann noch die Dritte im Bunde, Maria Luísa, schonend. Drei Blätter, beidseitig mit Domins winziger Schrift überzogen, mehr als neun Seiten lang die Transkription auf der Schreibmaschine, legten offen, was ihr längst bekannt war: ein desolates Bild ihrer Beziehung. Das trostlose Konvolut der Korrespondenz belegte, was Domin seit vielen Jahren zu verdrängen versuchte: Längst zehrten beide nur noch von einem Bild des Anderen. Vor allem Hilde Domin hatte sich unablässig bemüht, den verblassenden Farben mit verbissenem Enthusiasmus neuen Glanz aufzutragen. Die Vorstellung vom Anderen lebte von der gemeinsamen Vergangenheit und gab sich mittlerweile mit den bloßen Rudimenten der überlebten Vertrautheit zufrieden. Doch offenbar reichte allein das Wissen um diese Bruchstücke, längst Erkaltetes wieder zu erwärmen. So war die Illusion jederzeit verfügbar. Sie schleppten sie mit sich, trugen sie in sich, einsteckbar wie ein Vademecum.

Vade mecum – geh mit mir. Die lateinische Aufforderung ist ein Appell. Vademecum steht für den Begleiter, Helfer und Ratgeber für alle Lebenslagen. Hilde Domin hatte dieser Rolle entsprochen. Mehr noch: Sie wurde darin so selbstverständlich angenommen, dass der, der davon profitierte, sich des Beistandes nicht mehr rückversichern musste. Erst sein Verlust erschütterte.

Lag der verheerende Sommer 1952 tatsächlich erst ein knappes Dreivierteljahr zurück, als Hilde Domin nach ihrer Flucht nach Haiti ihrem Mann vorgeworfen hatte, an ihren Tod mittlerweile mit Gleichmut zu denken? An jenem Maiabend arbeitete die Betrogene den Kummer der vergangenen Jahre ab – wieder war Schreiben ihre einzige Rettung. Das hatte die ganze Nacht in Anspruch genommen. Der Brief endete in einem erschöpften Aufstöhnen – das ihr neuen Antrieb gab: Ohne Ruhepause setzte sie sich an ein Gedicht.

»Vademecum« nimmt die Erregung der Nacht auf und belegt das Hinübergleiten in den neuen Tag: auf den 15./16. Mai ist es datiert. Das grelle Tageslicht reduzierte die Ausbeute der gemeinsam verbrachten Jahre auf ein kümmerliches Häufchen. Nur *Der Tote ist unser sichrer Verlass.* Was hatte Hilde Domin in ihr Leben gerettet? *Hilde war die Lebenspartnerin des Schriftstellers, des Dichters, des Professors, des Archäologen und erfüllte ihre Rolle mit aussergewöhnlicher Hingabe.* [...] *An der Seite von Erwin Walter Palm war Hilde Domin nur Ehefrau, nur Frau, nur Sekretärin, nur Managerin, nur Beschützerin, nur Freundin, die ihn motivierte und ihm Kraft gab.* [...] *Für die ärgerlichen Rechnungen, das noch lästigere Geld beschaffen, die täglichen Einkäufe – für die ganze Alltagsroutine war Hilde zuständig. Sie führte den Haushalt, kopierte Manuskripte, löste dringende Probleme und lächelte liebenswürdig.* Ivelise Prats-Ramíres de Perez, die spätere Kulturministerin der Dominikanischen Republik, hatte die Palms als Teenager kennengelernt. Sie hatte auch noch viele Jahre später den Eindruck vor Augen, den die Palms damals bei ihr hinterlassen hatten, und hielt ihn für einen Nachruf beim Tode Erwin Walter Palms fest. *Bist du die Hand, bist du der Arm, bist du das Herz.* Das lyrische Ich stellt im Gedicht die rhetorische Frage. Erwin Walter Palm konnte sich des Beistands seiner Frau genau wie ihrer selbst sicher sein. *Ich, zu fraglos Dein wie der Finger an Deiner Hand oder Dein eignes Auge.*

Schon 1952 hatte Hilde Domin in dem unveröffentlichten Gedicht »Hilfloses SOS nach Deinem Geburtstag« ihren aufopfernden Einsatz ganz ähnlich thematisiert. Damals verwässerte die *Leukämie der Enttäuschung* das Herzblut. Leukämie endet oft tödlich. Dem Tod nahe hatte sich Hilde Domin in jenem Mai 1953 gefühlt. Die Gewissheit, dass ihr Mann sich nicht endgültig von ihr löste, sondern sie in sich trug *wie ein geschmeidiges Knäuel oder ein Embryo, oder so wie ein kleines Tier, das man in einer Büchse mit Luftlöchern in seine Tasche steckt, nur viel bequemer?,* war kein Trost. Sieben Jahre später haderte Hilde Domin immer noch mit der ihr zugewiesenen Rolle und thematisiert sie in ihrem autobiografischen Roman »Das Zweite Paradies« erneut: Sie hatte ihm *sanft von hinten seinen Arm* gestützt, *ohne dass es auffiel,* unauffällig wie eine Tarnkappe.

Mag sich Dorian »Aff« (ihr Kosename für Palm) auch der Illusion hingeben, allein vor der Welt zu bestehen – der Spiegel der Realität offenbart die Wahrheit, denn der »Has« (Kosename Palms für seine Frau) ist ihm immer zur Seite. Unsichtbar für die Umwelt, doch verlässlich für ihn allgegenwärtig. Auch als Totgesagter noch präsent. Und deshalb kann man von ihm zehren. Triumph oder Resignation – noch war nicht entschieden, wer die Oberhand gewinnen sollte.

Bevor Resignation Hilde Domin niederstreckte, mobilisierte sie ihre Kampfeslust. *Nie Objekt werden, immer Subjekt sein* – sie unterstrich in entmutigenden Situationen ihre Worte mit einer energisch geballten Faust.

Und so wendet sich anfängliche Enttäuschung in Sarkasmus und Ironie. »Vademecum« sollte sich deshalb nicht entmutigend oder gar als Aufforderung zum Suizid lesen, selbst wenn Zeilen wie *stirb schnell* oder *Beeile dich ein Toter zu sein* den Eindruck erwecken könnten. Er ist höchstens dafür tadelnswert, es seinem Partner so leicht gemacht zu haben. Der Tote wird in dem Gedicht so überzeichnet, dass er zur Karikatur seiner selbst wird. Ironische Selbstkritik rettete Hilde Domin vor Verzweiflung. Er *verdrängt keinen Raum und kostet keine Fahrkarte und kein Extragepäck in den transkontinentalen Flügen.* Sehr konkret schieben Alltagserfahrungen lamentierende Enttäuschung beiseite.

In ihrem Brief an ihren Mann vom 15. Mai 1953 wird Hilde Domin visionär: *Nach Jahren aber, wenn Du weniger verängstigt und gereifter bist, und vielleicht ein wenig mehr Abstand zu Dir selbst hast, da wirst Du erst begreifen, mein Herze, welch ein tragischer Irrtum es war, das Beste, was Dir die widerspenstige Welt gegeben hat, einer Chimäre wegen so bis aufs Skelett zu zerstören.*

Ihrer Überzeugung, Erwin Walter Palm mit ihrer Liebe immer Heimat zu sein, blieb sie selbst in dieser desolaten Stunde treu. Und sie hat damit Recht behalten.

6

AUF WELCH VERLÄSSLICHEN STERN?

What will I do gin my Hoggie die,
my joy, my pride, my hoggie?
My only beast …

Robert Burns (1788)

Das kleine schwarze Schaf
das stößige
mit der weißen Locke
und den zärtlichen Augen,
wo führ ich es hin, wo schließ ich es weg,
in welch sicheren Stall,
mein kleines schwarzes Schaf,
mein einziges Schaf,
wenn die Gefahr kommt,
die furchtbare Pest
die alle Herden verseucht?

Schon öffnen sie die Gräben
für das große Sterben
und halten die Fackeln bereit
für das Verbrennen der Leichen.
Ich armer hilfloser
Hirte,
mein Schäfchen mit den zärtlichen Augen,
auf welche Alm,
auf welch verläßlichen Stern
mit guten Kräutern
rett ich es hin?

Denn Gott gab mir das Schaf,
das stößige kleine Schaf
mit den zärtlichen Augen
und sagte: »Hier hast du dein Schaf,
ein lebendiges Schaf
für die grünen Weiden des Herzens.
Du darfst mit ihm spielen.
Du bist nicht mehr allein.
Doch Eines erwart ich von dir
in diesem Leben – nichts sonst:
paß mir gut auf auf mein Schaf.«

Hilde Domin

Auf welch verlässlichen Stern

Das kleine schwarze Schaf
das stössige
mit der weissen Locke
und den zärtlichen Augen,
wo führ ich es hin, wo schliess ich es weg,
in welchem sicheren Stall,
mein kleines schwarzes Schaf,
wenn die Gefahr kommt,
die grosse furchtbare Pest
die alle Herden verseucht.

Schon öffnen sie die Gräben
für das grosse Sterben
und halten die Fackeln bereit
für das Verbrennen
der Leichen.
Ich armer hilfloser
kleiner Hirte,
mein Schäfchen mit den zärtlichen Augen,
auf welche Alm,
auf welch verlässlichen Stern
mit guten Kräutern
rett ich es hin?

Denn Gott gab mir das Schaf,
das stössige kleine Schaf
mit den zärtlichen Augen
und sagte: "In diesem Leben
erwart ich nur Eines von dir:
Pass mir gut auf auf mein Schaf."

La Verdad, 1957

Alternativtitel "Hilfloser Hirte"

Vinalhaven – so hoch im Norden der USA gelegen, dass das Meer schon wieder mediterran wirkt und in den Basaltbrüchen der Lorbeer wie in Italien wächst. Von jedem Punkt des Eilandes aus blickt man auf weitere unzählige, kleine, unbewohnte Inseln. Schaumkronen gleich schwimmen sie in der Penobscott Bay. Nur die Fähre von Rockland verbindet die Insel mit dem Festland. Die Einfachheit der Umgebung reduziert den Menschen auf das Wesentliche und zwingt ihn zum Einklang mit der Natur. Nicht umsonst suchten religiöse Bruderschaften und Künstler die inspirierende Einsamkeit der Insel. Obwohl Hilde Domin dort im September 1953 das wichtige Gedicht »Wen es trifft« geschrieben hatte, ihr letztes Gedicht vor der Rückkehr nach Deutschland, sparte sie in ihren »Gesammelten autobiographischen Schriften« in dem Kapitel »Meine Wohnungen – ›mis moradas‹« dieses winzige Haus aus: *Ich erzähle hier nicht von dem winzigen Haus auf Vinalhaven in der Penobscot Bay im Staate Maine, …* – die prekäre Situation jener Zeit sollte nicht thematisiert werden.

Sie wollte an der Erinnerung an die Insel-Zeit nicht länger schwer tragen. Vergangenheit tropfte wie *Kielwasser* von ihren Fersen ab, kein *Netz der Erinnerung* quälte. Hilde Domin schien so weit zu genesen, dass sie sich sogar gestählt genug fühlte, für Erwin Walter Palm verloren geglaubte Kräfte zu mobilisieren und Hirte für das verlorene Schäfchen mit den zärtlichen Augen sein zu können, um es auf einen *verlässlichen Stern* mit *guten Kräutern* zu retten, als er sie im Norden besuchte.

»Auf welch verläßlichen Stern?« orientiert sich an der Terminologie Antoine de Saint-Exupérys. Der kleine Prinz, der seinem Schäfchen in einer Kiste Zuflucht bietet, um es mit auf seinen fernen Planeten zu retten, ersteht auf. Exupérys Bilder lieh sich Hilde Domin auch in anderen (unveröffentlichten) Gedichten.

Denn Gott gab mir das Schaf,
das stößige kleine Schaf

mit den zärtlichen Augen,
und sagte: »Hier hast du dein Schaf,
ein lebendiges Schaf
für die grünen Weiden des Herzens.
Du darfst mit ihm spielen.
Du bist nicht mehr allein.
Doch Eines erwart ich von dir
in diesem Leben – nichts sonst:
paß mir gut auf auf mein Schaf.«

Auch die Worte des 23. Psalms klingen an: »Der Herr ist mein Hirte, mir wird nichts mangeln. Er weidet mich auf einer grünen Aue und führet mich zum frischen Wasser.«

Hilde Domin griff oft in Briefen und Interviews auf den Begriff ›theologische Ehrfurcht‹ zurück, wenn sie auf eines der Hauptanliegen in ihrem Leben zu sprechen kam: anderen eine Hilfe zu sein, gebraucht zu werden und nützlich zu sein – ihrer Meinung nach Kernaufgaben des Lebens. Seit Kindheitstagen schon fühlte sie diese fast unbescheidene Anwandlung, auf der Bildfläche zu erscheinen, als sei sie von höchster Instanz eigens zu diesem Zweck auf die Erde befohlen worden. Wann immer sie diesen Ruf hörte, wollte sie ihm folgen.

Doch anders als im biblischen 23. Psalm ruft das sprechende Ich in »Auf welch verläßlichen Stern?« Gott nur vorgeblich an. Anders als die biblische Vorlage verspricht es weder theologische Verheißung noch humane Verlässlichkeit, sondern appelliert an sich selbst in der Forderung nach einem menschlichen Miteinander. Wenn Gefahren lauern, sucht der Mensch Orientierung. Die Erinnerung hat das Grauen des Holocaust noch nicht überwunden und die Apokalypse weiter vor Augen: *schon öffnen sie die Gräben / für das große Sterben.*

Dass der angerufene Gott dem lyrischen Ich das kleine schwarze Schaf als Spielgesellen zuweist, zeugt von Hilde Domins Ironie und Humor. Sie dreht die Schöpfungsgeschichte um: Nicht Adam wurde in seiner paradiesischen Einsamkeit das Weib zur Seite gestellt, sondern zum Weib gesellte sich der Mann – fast als eine Art Kuscheltier, zum Spielen und Ergötzen für *die grünen Weiden des Herzens.*

Zweimal im Leben, sagte Hilde Domin, habe sie *mit Glücksgefühl* geschrieben: im amerikanischen Vinalhaven und im spanischen La Verdad. Nichts im Leben wiederholt sich? Wie sich Orte und Lebenssituation doch gleichen können. War Vinalhaven 1953 Zufluchtsort geworden, so wurde La Verdad, die spanische Ferienkolonie 18 Kilometer südwestlich von Malaga, 1957 gleichfalls zum Refugium. Wieder hatte Hilde Domin an enttäuschter Liebe gelitten, wieder klammerte sie sich an die Hoffnung auf eine neue Annäherung an Erwin Walter Palm. Wie in Vinalhaven eröffnete auch in La Verdad der Blick von der Terrasse die Aussicht auf tiefblaues Meer und eine Natur in Blühlaune – der Unendlichkeit stellte sich nichts entgegen, Afrika und Gibraltar waren in der klaren Frühlingsluft zum Greifen nahe. Während Erwin Walter Palm in Madrid noch seiner Arbeit verpflichtet war, hatte sich Hilde Domin nach La Verdad zurückgezogen. Endlich konnte sie ungestört ihre alten Gedichte überarbeiten: Manuskripte aus der Zeit in Santo Domingo, Haiti und Vinalhaven. »Auf welch verläßlichen Stern?« erhielt dort am 7. Juni 1957 seine endgültige Form.

Vierzehn Tage nur hatten die Palms in La Verdad bleiben wollen, doch dann dehnten sie ihren Aufenthalt bis Mai 1957 aus und begannen, sich nach den langen Jahren des Vagabundierens häuslich einzurichten. Die Gedichte aus jener Zeit in Spanien reflektieren wie jene aus Vinalhaven wieder einmal die vorsichtige Hoffnung und Sehnsucht nach Sesshaftigkeit. Die Hilflosigkeit und Ängstlichkeit des verunsicherten Hirten nehmen die zwei Gedichtzeilen des schottischen Nationaldichters Robert Burns auf, die Hilde Domin ihrem Gedicht vorangestellt hat: *What will I do gin my Hoggie die / my joy, my pride, my lamb! / My only beast* … Der Hirte in Burns Gedicht quält sich mit Selbstzweifeln: Obwohl er die Nacht hindurch über seine Herde gewacht hatte, wäre das hilfloseste seiner Lämmer im Morgengrauen beinahe von einem fremden Hund angefallen und getötet worden. Hatte sich nicht auch Hilde Domin das Versagen angelastet, Erwin Walter Palm nicht mehr ausreichend Schutz zu bieten? Domin und Burns scheinen seelenverwandt. Beide bejahten das Leben und vertrauten auf die Inspiration der Natur. Hilde Domin könnte während ihrer New Yorker Zeit wieder auf Burns aufmerksam geworden sein: Der Schotte hatte in den Fünfzigerjahren in den USA eine Renaissance erlebt, nachdem J. D. Salingers Roman »Der Fänger im Roggen« (The Catcher in the Rye), 1951 gerade publiziert, seinen Titel einer Zeile aus Burns Gedicht »Comin' thro the rye« entlehnt hatte.

Trotz spielerischer Leichtigkeit beruft sich das Gedicht »Auf welch verläßlichen Stern?« unüberhörbar auf die Conditio humana: den Anderen nicht im Stich zu lassen und auf seine Verlässlichkeit vertrauen zu dürfen. Hilde Domins Grundforderung für ein menschliches Miteinander. Hatte sie als 22-Jährige dem damaligen Freund Erwin Walter Palm nicht zugesichert, dass ihre Seele immer für ihn da sein werde und dass sie genau dann das verbindende Band fühle, wenn an dieser Fessel gezerrt würde?

Ein gemeinsam gelebtes Leben gibt man nicht ohne Weiteres auf, so wie kein Hirte ein verirrtes Schaf verlorengibt. Nicht nur in Vinalhaven und in La Verdad fühlte sich Hilde Domin diesem Credo verpflichtet. An dieser Mindestutopie für ein menschliches Miteinander wollte sie ihr Leben lang festhalten.

DEUTSCHLAND

1954 bis 1955

Apfelbaum und Olive

Nach 21 Jahren Exil betraten Hilde Domin und ihr Ehemann Erwin Walter Palm nach einer vierzehntägigen Überfahrt und dreieinhalbtausend Seemeilen am Morgen des 25. Februar 1954 in Bremerhaven deutschen Boden.

Die Entbehrungen des Exils lasteten noch auf ihren Schultern, das zerstörte Vertrauen machte ihre Schritte schwer. Hilde Domin hatte *noch nicht wieder die alte Standfestigkeit* und Erwin Walter Palm litt unter der Abhängigkeit von seiner Frau und den damit verbundenen Zwängen. Diesen Widrigkeiten zum Trotz hatten sie beschlossen, den Weg zurück nach Deutschland gemeinsam zu gehen.

Auch Deutschland hatte noch nicht zu sich gefunden und arbeitete auf vielen Ebenen an der Bewältigung seines Traumas der Hitlerzeit. Bitter war für die Rückkehrer die Erfahrung, dass das politische Klima nicht der Aufklärung von Verbrechen diente, sondern – im Gegenteil – nur die Integration der Täter in die neue Gesellschaft förderte. Die Palms vermissten aufrichtiges Engagement auf politischer und sozialer Ebene. Die Ministerpräsidentenkonferenz in München hatte einen einzigen zentralen Aufruf vom Juni 1947 für ausreichend gehalten, Emigranten zur Rückkehr nach Deutschland zu ermutigen. Die exilierten Schriftsteller waren dieser Einladung nur zögerlich gefolgt, zumal etliche der sogenannten »verbrannten Dichter« längst vor der psychischen und physischen Entwurzelung kapituliert und wie Kurt Tucholsky, Stefan Zweig oder Walter Benjamin den Freitod gewählt hatten. Andere, wie Klaus Mann und Paul Celan, der nach dem Krieg französischer Staatsbürger wurde, der Essayist Jean Améry oder der Literaturwissenschaftler Peter Szondi zermürbte das erlebte Grauen des Naziterrors schleichend, so dass sie Jahre später Selbstmord begingen. Else Lasker-Schüler war vereinsamt in Jerusalem gestorben, Gertrud Kolmar 1943 in Auschwitz ermordet worden.

Im Deutschland von 1954 wurde den Palms nach der ersten Euphorie schnell bewusst, dass es ein Unterschied ist, ob man bedrohliche Nachrichten hier oder jenseits des Atlantiks liest. Sie fürchteten den »Kalten Krieg« und beantragten ein Durchreisevisum für die USA – für alle Fälle. Die Rückkehr blieb *ein Erlebnis von äusserster Zerbrechlichkeit.* Oft waren sie mit der Frage nach der Schuld von Menschen, die sich in nationalsozialistische Machenschaften verstrickt hatten, überfordert. Vor allem Erwin Walter Palm litt: Deutschland zeigte sich ihm fremd und unwirtlich. Er klagte, dass er jegliche Menschenkenntnis und Unbefangenheit verloren habe. Er befand sich auf deutschem Boden und wagte doch noch nicht von Heimat zu sprechen – die Heimat mussten sie sich neu erschaffen. Für beide war die Konfrontation mit dem Land ihrer Verfolger problematischer gewesen, als sie es sich vorgestellt hatten. Politisch und privat wurden die Rückkehrer weiterhin mit latentem Antisemitismus konfrontiert – nicht zuletzt blieben auch deshalb jahrelang Palms Bemühungen um eine feste Anstellung vergeblich.

Dennoch argumentierte Hilde Domin unmittelbar nach der Rückkehr christlich: Nur in der Vergebung sah sie eine Möglichkeit, in einem Land zu leben, in dem man jederzeit neben einem Mörder zu sitzen kommen konnte. Sie machte eine moralische Verurteilung deshalb davon abhängig, ob ein Mensch aktiv unmenschlich an seinen Mitmenschen gehandelt hatte oder nicht. Nicht von jedem könne man Heldentum erwarten, niemand sei in der Lage, ohne zu sündigen durch das Leben zu gehen. Ihr genügte, dass sich in Deutschland doch eine nicht geringe Gruppe von Menschen in der äußersten Prüfung bewährt hatte. Toleranz schöpfte sie aus der Erkenntnis: *Nur die Liebe erlöst.* Zwölf Jahre später hatten diese Worte immer noch Bestand, denn Hilde Domin übernahm sie in ihr Glückwunschtelegramm an Nelly Sachs, die 1966 mit dem Literaturnobelpreis ausgezeichnet worden war.

Die anfängliche Euphorie musste schnell der Erkenntnis weichen, dass nicht nahtlos an ein Gestern angeknüpft werden konnte. Die düsteren Rückkehrerfahrungen, von denen ihr Alice Brandenstein, die Freundin aus Schulzeiten, in ihren Briefen berichtete, hatten Hilde Domin verstört und ihr Angst vor der Begegnung mit der Geburtsstadt gemacht. Nichts als Schutt und Asche und Zerstörung hatte Alice in der Heimatstadt Köln unmittelbar nach dem Krieg vorgefunden. Die von Bomben geschlagene Schneise am vertrauten Ring in Höhe Hohenstaufenbad mit freier Sicht auf den Dom war trostlos gewesen. Der allgegenwärtige Gestank von verwesenden Leichen über der Altstadt hatte die Freundin schnell in die Flucht getrieben. Sie war nie mehr nach Köln zurückgekehrt.

Glücklicherweise bewahrheiteten sich die dumpfen Bilder der Freundin nicht. Beide Elternhäuser hatten den Krieg unbeschadet überstanden. Ein blühender Mandelbaum bot Hilde Domin im Februar 1954 in Köln einen Willkommensgruß. Der vertraute Mandelbaum ihrer Kindheit aus dem Vorhof des Elternhauses in der Kölner Riehler Straße 23, gleich um die Ecke von Heinrich Bölls Wohnung, hatte allerdings den Mülltonnen weichen müssen.

Auch Palms Elternhaus in der Frankfurter Georg-Speyer-Straße 5 war der Zerstörung entgangen. Auf den jüdischen Friedhöfen suchte er die Gräber der Verwandten auf und ergänzte Sterbedaten für seine ermordeten Familienangehörigen: Onkel und Großmutter waren in das Getto Litzmannstadt deportiert und später in Majdanek bzw. Chelmo getötet worden. Seine Stiefmutter hatte die Deportation nach Theresienstadt nicht überlebt.

Mitte April 1954 machte sich das Paar gemeinsam auf den Weg nach München. Nach fünfundzwanzig Jahren sollte Hilde Domin dort endlich ihren Bruder wiedersehen, der in leitender Funktion der USAREUR (United States Army Europe) in Oberammergau diente und als Dozent und Kollege Henry Kissingers an der »Agentenschule«, dem »Counterintelligence corps« (CIC) lehrte.

Bruder und Schwester hatten ihr Treffen lange hinausgezögert, denn zwischen ihnen stand der gegenseitige Vorwurf, Verantwortung am Tod der Mutter getragen zu haben: Johnny hatte 1951 die an Diabetes Leidende gegen ihren

Willen für die Zeit seines Urlaubs in einem Sanatorium untergebracht. Und Hilde Domin hatte zu lange gezögert, bis sie mit finanzieller Unterstützung der amerikanischen Verwandtschaft nach Europa reisen und dort die Betreuung der Mutter übernehmen konnte. Als sie endlich im Brief vom 8. September 1951 aus Santo Domingo ihrer Mutter ihren Besuch in Europa für Ende September ankündigte, war Paula Lorden schon tot. Paula Löwenstein hatte wie ihr Sohn ihren Namen naturalisieren lassen. Sie war am 2. September 1954 an Unterzuckerung gestorben. Hatte die Mutter ihren Tod willentlich provoziert, um den Kindern keine Last zu sein? Hilde Domin kasteite sich mit Vorwürfen dieser Art. Die mögliche Mitschuld belastete das Verhältnis der Geschwister und besonders Hilde Domin ihr Leben lang. Im beschaulichen Oberammergau und vor allem in Seeshaupt, wo sie bei Freunden ihres Bruders untergebracht war, gesundete die Beziehung zwischen den beiden.

Den ersten Geburtstag in der Heimat, ihren fünfundvierzigsten, feierte Domin am 27. Juli 1954 getrennt von ihrem Mann in der Nähe ihres Bruders. Mit dem für ein halbes Jahr bewilligten DFG-Forschungsstipendium bereiste Erwin Walter Palm von Februar bis August 1954 Freiburg, Heidelberg, Stuttgart, Bonn und Köln, um Kontakte zu Universitäten und anderen wissenschaftlichen Institutionen zu knüpfen. Man bescheinigte dem Rückkehrer durchaus einen *beweglichen* Geist und anerkannte, dass er aus seinem *Emigrantenschicksal etwas gemacht* habe. Doch Zusagen blieben vage oder ganz aus. Der Wiedergutmachungsaspekt überlagerte alle Verhandlungen und nagte am Selbstwertgefühl des Wissenschaftlers.

Die Palms hatten ihre Schritte in Santo Domingo dem karibischen Tempo angepasst. Unter der ungewohnten Beschleunigung in Deutschland litt vor allem Erwin Walter Palm. Er fühlte sich von der Arbeit regelrecht überrollt. Ernsthafte Erkrankungen schwächten beide zusätzlich. Sehr schnell hatten sich deshalb die bewährten Verhaltensweisen wieder eingeschliffen: Palms Arbeitsaufträge überschwemmten Hilde Domin aus der Ferne, sie ertrank in Sehnsucht und Einsamkeit.

Hilde Domin hatte unmittelbar nach ihrer Rückkehr eine Klage auf Wiedergutmachung und materielle Entschädigung als NS-Verfolgte eingereicht. Die juristischen Auseinandersetzungen rieben sie sieben Jahre lang auf. Halbherzig nur ging der erste Münchner Anwalt das Verfahren an, kleinbürgerlich argumentierte das Amt für Wiedergutmachung in Köln und offenbarte mit seiner Strategie, dass in den Köpfen der Bürokraten weiterhin eine restaurative Gesinnung vorherrschte. Geduld und unermüdliche Energie verlangte man von den Rückkehrern, man schikanierte sie mit Nachweispflichten und Rechenschaftsberichten über Fluchtwege und Exilstationen. Wer von denen, die Hals über Kopf geflüchtet waren, konnte die geforderten Rechnungen, Frachtkostenbescheinigungen und Tickets vorweisen? Wer hatte sich in der dramatischen Zeit der Verfolgung Quittungen ausstellen lassen? Die Kölner Rechtsanwälte, zu denen Hilde Domin gewechselt war, ließen sich nicht mit hypothetischen Spitzfindigkeiten abspeisen und widersetzten sich der Argumentation der Gerichte. Nach zähem Widerstand sprach die erste Kammer des Landgerichts 1961 Hilde Domin die Entschädigung schließlich in voller Höhe zu. Drei Jahre später hatte sich ihr Mann nach ähnlich zermürbenden Auseinandersetzungen seine Entschädigung erkämpft.

Erwin Walter Palms Hoffnung, sich in Deutschland literarisch zu etablieren, erfüllte sich nicht, auch wenn der Piper Verlag in München die Auswahl der deutschen Übertragungen spanischer Dichter, »Rose aus Asche«, edierte, die Palm und Domin in ihrer Anfangszeit in Santo Domingo gemeinsam erarbeitet hatten.

Für Hilde Domin wurde die Drucklegung der Gedichte ihres Mannes zum Wendepunkt ihres Lebens: Franz Joseph Schöningh, der Herausgeber der Literaturzeitschrift »Hochland«, fragte Hilde Domin nach eigenen literarischen Ambitionen. Sie schickte ihm einige Gedichte. Noch bevor Palms »Rose aus Asche« in den Druck ging, las man die Gedichte seiner Frau in der Literaturzeitschrift »Hochland« in der Oktoberausgabe 1954. Zum ersten Mal wurde damit ihr Pseudonym öffentlich.

Palms Dramen erfuhren 1955 nach der Uraufführung in Darmstadt vernichtende Kritiken. Nach eineinhalb Jahren Rast- und Erfolgslosigkeit in Deutschland hatte sich für ihn keine berufliche Perspektive eröffnet. Deshalb griff er zu, als die staatliche Universität von Santo Domingo zusagte, mit einem Stipendium den Druck seines zweibändigen Monumentalwerkes über die iberoamerikanischen Bauwerke in Santo Domingo acht Monate lang zu unterstützen. Auch die Deutsche Forschungsgemeinschaft engagierte sich erneut, und wieder einmal Frieda Warburg, die generöse Mäzenin aus New York, die bis zu ihrem Tod im September 1958 den Palms unbürokratisch mit großzügigen Zuwendungen über finanzielle Engpässe hinweghalf.

Inhaltlich ergänzen und vervollkommnen sollte Palm sein Werk in Spanien. So kehrten die beiden Rückkehrer, noch ehe sie in Deutschland hätten heimisch werden können, dem Land schon wieder den Rücken. Im Spätsommer 1955 machte sich das Paar auf den Weg nach Madrid, wo das Deutsche Archäologische Institut im Norden der Stadt in den kommenden Monaten ihre Arbeitsadresse sein sollte.

Sie reisten viel und führten erneut ein Leben aus Koffern. Das vor allem Hilde Domin gründlich satt hatte. Des Herumwanderns müde, fürchtete sie, sich in der anhaltenden Unstetigkeit abhanden zu kommen: *… wir brauchen etwas, damit wir uns nicht verlieren, bei all dem Wandern und Programme machen. Wie wann wo können wir es haben? Ohne das verliert das Herumfahren an Sinn. Das Schmarotzertum bei denen, die eine feste Bleibe haben* war sie leid und wollte nicht länger von der Gastfreundschaft von Freunden abhängig sein.

7

APFELBAUM UND OLIVE

Ein Trost ist, zu wissen
wo die Tassen stehn und die Teller
in dem Haus, in dem du zu Gast bist,
und einen Anteil zu haben
an der Zärtlichkeit von Katze und Hund
deines Freunds,
und die Tücke des Fahrrads zu kennen
als sei es dein eignes,
auf dem du mit der verblichenen Tasche
in das fremde Dorf fahren darfst,
und die Milch auf dem Wege zu verschütten
als habest du selbst
den Deckel der alten Kanne
vor Jahren
auf diesem Wege verloren.
Du gehst durch das Gartentor
und machst es hinter dir zu,
als stehe die Bank
für dich vor dem Haus,
und siehst die andern draußen vorbeigehn,
du,
der Wandrer
von Tag zu Tag
und von Land zu Land,
an dem das Wort
von der Flüchtigkeit
allen Hierseins
Fleisch ward.

Du, den jede Wand
aufgibt,
und den es oft nach des Zirkuskinds
fahrbarer Höhle verlangt.

Zwar, der Apfelbaum und die Olive
sind überall dein,
und in fernen Ländern
schiebt man dir einen Stuhl an den Tisch
an der Seite der Hausfrau,
und jedes gibt dir von seinem Teller
wenn die Schüssel schon leer ist,
als habe ein Kind sich verspätet,
nicht als kämest du eben vom Flugplatz.
Und die dunkeln Mangobäume
und die Kastanien
wachsen Seite bei Seite
in deinem Herzen.

Du weißt, wie die hohen Gräser
an den Rändern der Inseln rascheln
in allen südlichen Meeren,
wie staubig die Kaktuswege sind,
und du gehst durch die schaumigen Wiesen und
kennst
ihren bunten Kalender.
Du spielst mit dem Wind
und bläst die hellen Kugeln
des Löwenzahns in die Luft
und siehst dem Schweben
der kleinen weißen Schirme mit zu
– so leicht, so widerstandslos vor dem Wehn
wie du selbst.
Irgendwo
dürfen sie landen.

Dann fährst du die Straße hinab
als glittest du auf einem Schlitten
an den Pappeln vorbei
in die Abendsonne.
Ein Reh tritt aus dem Wald,
und eine kleine Kirche auf einem Hügel
mit einem einsamen Kirchhof
winkt dir zu.
Du wägst ihren Gruß
wie eine Einladung,
die man eines Tages
– noch ungewiss, wann –
vielleicht gerne
annehmen möchte.

Und daran erkennst du,
daß du
hier ein wenig mehr
als an andern Stätten
zuhaus bist.

»Apfelbaum und Olive« ist eines von drei Gedichten, die Hilde Domin 1954 unmittelbar unter dem Eindruck der Rückkehr verfasst hat.

John Lorden hatte seine Schwester vorübergehend in einem idyllischen Landgasthaus in Oberammergau einquartiert, bis seine Freunde in Seeshaupt die Rückkehrerin wie ein Familienmitglied bei sich aufnahmen. Sie liehen ihr ein Fahrrad, damit sie die Umgebung erkunden konnte – noch vor dem Auspacken der Koffer, wie sie es immer an fremden Orten zu tun pflegte. Die Umgebung präsentierte sich lieblich, ja zeigte sich südländisch vertraut. Von ihrem Bett aus schaute Hilde Domin bei offenem Fenster geradewegs in blühende Apfelbäume; der ästhetische Bruch, unter dem sie in den ersten Wochen in Deutschland gelitten hatte, schien zu heilen. Im deutschen Leben klangen andere Grundakkorde an als in der Karibik: Die Menschen waren ihr schwer erschienen, bayrische Gründlichkeit hatte sie aus den angemieteten Zimmern vertrieben: *Ein derartiger Hochgenuss beim Aufräumen, eine Art Orgasmus des Staubwischens, das gibt es wohl nur hierzulande.*

Im Kleid der Heimat verlor sie sich noch. Auch wenn sie Anteil nehmen durfte *an der Zärtlichkeit von Katze und Hund,* sie blieb vorerst *der Wandrer von Tag zu Tag und von Land zu Land, an dem das Wort von der Flüchtigkeit allen Hierseins Fleisch* geworden war. Konnte es da überraschen, dass die Sehnsucht *nach des Zirkuskinds fahrbarer Höhle* sie überwältigte?

An Gastfreundschaft hatte es den Exilanten in der Dominikanischen Republik nicht gemangelt. Auch dort hatten Nachbarn sie willkommen geheißen und wie selbstverständlich in ihre Familie aufgenommen. Hatten ihnen den Stuhl an den Tisch gerückt. Notleidenden Emigranten erließ man am ersten Weihnachtsfest nach der Ankunft in der Fremde die Miete des gesamten Jahres. Hilde Domin betonte in ihren »Gesammelten autobiographischen Schriften«, dass sie in der Dominikanischen Republik nie im Stich gelassen worden war, sondern *getröstet, beraten, verteidigt, als sei man dort geboren und gehöre dazu.*

Mochten Heimat und Exil kurz nach der Rückkehr wie Apfelbaum und Olive, Kastanie und Mangobaum, Löwenzahn und Kakteen zwar Seite an Seite wachsen, so symbolisierten sie doch verschiedene Lebenswelten. Wer eines Tages die Olive lassen und sich für den Apfelbaum entscheiden soll, läuft Gefahr, sich in beiden Wirklichkeiten nicht mehr zurechtzufinden. Im konjunktivischen »als ob«, »als sei«, »als habest«, »als stehe«, »als habe«, »als glittest« manifestiert sich im Gedicht »Apfelbaum und Olive« nicht nur die Schwierigkeit, die Wirklichkeiten auseinanderzudividieren, sondern auch die innere Zerrissenheit der Rückkehrer. Deshalb kam Hilde Domin das Wort »Heimat« weiterhin nur zögerlich über die Lippen, deshalb stand das erste Jahr in Deutschland unter dem Motto: *Wer sich hütet fest zuzufassen, riskiert nicht dass ihm etwas zwischen den Fingern zerrinnt.*

Vergangenes und Gegenwärtiges verschmolzen in Seeshaupt zum Amalgam aus Sehnsucht und Wehmut.

Hier wie dort hatten die Flüchtlinge Halt gesucht. In der Fremde des Exils hatte sie anfangs nur die Erinnerung an die unbeschwerten Momente in Italien getröstet. Auf der Schwelle zum Ankommen und Heimischwerden war später in den Bergen der Dominikanischen Republik der Löwenzahn mit seinen hellen Pustekugeln zum Bindeglied zwischen Exil und Heimat geworden: *Der vertraute Löwenzahn mit seinem Pustehaupt* hatte bei Hilde Domin eine *Zärtlichkeit zum Kleinen* hervorgerufen, die *etwas Heimatliches* hatte und in der Karibik tröstliche Geborgenheit versprach.

Auch in Seeshaupt kam der Pusteblume diese Funktion zu. Nicht umsonst markiert der Löwenzahn die Mitte des Gedichts »Apfelbaum und Olive« – Grenzstein auf der Schwelle vom Gestern zum Heute.

Der Löwenzahn kommt in allen Zonen mit gemäßigtem Klima vor. Sind die Wiesen frisch gemäht, so sprießt die Pflanze als Erstes wieder hervor. Sie ist außergewöhnlich anpassungsfähig und anspruchslos und verfügt damit genau über die Eigenschaften, die auch dem Exilanten abverlangt werden. Im Schweben seiner Samenschirme, die dem Wind ausgeliefert sind, verfängt sich die Flüchtigkeit der eigenen Existenz. Die leichten Löwenzahnsamen lassen sich von der Sehnsucht nach dem Landen-dürfen tragen und möchten gleichzeitig dem widerstandslosen Verweht-werden Einhalt gebieten. In der Ruhe von Seeshaupt – *Hier ist es so ruhig, dass ich mein Herz wieder höre.* [...] *Hier könnte ich bleiben und von Dir träumen und auf Dich warten.* – überschritt Hilde Domin zögerlich die Schwelle von Exil zu Heimat: Die Pflanzen der Fremde als auch die der Heimat wachsen deshalb *Seite bei Seite.*

Du weißt, wie die hohen Gräser
an den Rändern der Inseln rascheln
in allen südlichen Meeren,
wie staubig die Kaktuswege sind,
und du gehst durch die schaumigen Wiesen und kennst
ihren bunten Kalender.
Du spielst mit dem Wind und bläst die hellen Kugeln
des Löwenzahns in die Luft
und siehst dem Schweben
der kleinen weißen Schirme mit zu
– so leicht, so widerstandslos vor dem Wehn wie du selbst.
Irgendwo
dürfen sie landen.

Wesentlich war nicht der Wechsel der Vegetation, sondern die Geborgenheit, die die jeweilige Natur für sie bereithielt. Für Hilde Domin bedeutete es nicht mehr als einen Wechsel der Kulisse, ob an dem Fluss, in dem sie badet, Palmen stehen oder Weiden, ob Tauben oder grüne Papageienschwärme über das Haus ziehen. Damit wusste sie sich Heinrich Heine nahe:

Wo wird einst des Wandermüden
letzte Ruhstätte sein?
Unter Palmen in dem Süden?
Unter Linden an dem Rhein?
Werd' ich wo in einer Wüste
Eingescharrt von fremder Hand?
Oder ruh' ich an der Küste
Eines Meeres in dem Sand?

Und dennoch prallen im Kulissenwechsel zwei Wirklichkeiten aufeinander. *Wenn einer, der sein Leben draussen verbracht hat, wieder nach Hause kommt, ist es durchaus nicht, als werde ein Eimer Wasser wieder in den Teich gegossen.* Sie waren eben nicht Fische unter Fischen. Nicht nur Erwin Walter Palms berufliche Perspektivlosigkeit auch noch eineinhalb Jahre nach der Rückkehr machte ihnen das deutlich. Der Anblick des kleinen Rehs, das Hilde Domin eines Abends am Waldrand wahrnahm, blieb vorerst nicht mehr als ein schüchterner Gruß, blieb

wie eine Einladung,
die man eines Tages
– noch ungewiß, wann –
vielleicht gerne
annehmen möchte.

Es sollte noch weitere sieben Jahre dauern, ehe sich Hilde Domin dazu bekennen konnte, *hier ein wenig mehr als an andern Stätten zuhaus* zu sein.

SPANIEN

1955 bis 1957

Herbstzeitlosen

Fünfzig Kilometer nördlich von Madrid, in der Sierra de Guadarrama, liegt das Naherholungsgebiet der Madrilenen. Ein leichter, stetig fächelnder Wind macht die Temperaturen erträglich. Künstler hatten diese Region mit ihrer klaren Bergluft schon seit jeher aufgesucht: wie die Schriftsteller der »Generación del 98«. Die hatten sich durch geistige Neuorientierung aus der nationalen Sinnkrise von 1898 zu lösen versucht, die der endgültige Niedergang des spanischen Kolonialreiches hervorgerufen hatte. Der Maler Rafael Alberti hatte sich hier von den avantgardistischen Tendenzen in der bildenden Kunst ab- und der dichtenden Kunst zugewandt. Ernest Hemingway bediente sich dieser Region für seine Landschaftsskizzen in »Wem die Stunde schlägt«.

Das Hinterland von Madrid hatte sich auch der Dichter und spätere Literaturnobelpreisträger Vicente Aleixandre zum Sommerdomizil auserkoren. Aleixandre gehörte der »Generación del 27« an. Der Name wurde jener Gruppe von Dichtern um Frederico García Lorca, Miguel Hernández und Rafael Alberti zugeschrieben, die in den Zwanzigerjahren der Hoffnungslosigkeit der 98er Generation eine hedonistische Aufbruchsstimmung entgegenhielten. Betörend leicht waren deshalb die nachmittäglichen »Tertulias« in Aleixandres Garten, die typisch spanischen, geselligen Zusammenkünfte.

In Miraflores de la Sierra begegneten die Palms Aleixandre zum ersten Mal persönlich. Hilde Domin hatte schon im vergangenen Jahr von München aus Kontakt mit ihm aufgenommen, als sie um seine Zustimmung bat, eines seiner Gedichte in Palms »Rose aus Asche« übersetzen zu dürfen. Es war auf Anhieb gegenseitige Sympathie. Hatte der Spanier in Hilde Domin bislang nicht mehr als die kleine quirlige Frau des Herausgebers von »Rose aus Asche« gesehen, so lernte er nun die Schriftstellerin schätzen. Vicente Aleixandre widmete »seiner kleinen Schwester« das handgeschriebene Gedicht »La Hermanilla«: »Sie hatte eine Stupsnase, sie war schmal. Wie gern sie im Sande lief! Und sie begab sich ins Wasser, ohne zu erschrecken [...] Und sie ging über die Erde ohne zu erschrecken: ein Geschenk der Wogen. […].« In der deutschen Übersetzung von Karl Krolow erschien das Gedicht 1959 in der »Frankfurter Allgemeinen Zeitung«. Im Nachlass Vicente Aleixandres findet sich eine ihm von Domin gewidmete Erstausgabe ihres Gedichtbands »Nur eine Rose als Stütze«: *Para Vicente Aleixandre, con el cariño y la admiración de una hermana menor* (für Vicente Aleixandre, mit der Zuneigung und Bewunderung einer jüngeren Schwester).

Aleixandre hatte ein dichtes Netz von Kontakten geknüpft, auf das die Palms auch bald zurückgreifen konnten. Der Herausgeber der Literaturzeitschrift »Caracola«, Bernabé Fernández Canivell, zählte ebenso dazu wie junge Dichter aus Málaga. Fernández Canivell hatte nach seiner Rückkehr aus dem Exil die ursprünglich von Emilio Prados und Manuel Altolaguirre gegründete Zeitung wiederbelebt und sogar noch die alten Druckstöcke und die gleichen Drucker vorgefunden. Hilde Domin zählte »Caracola« zu den besten spanischen Zeitschriften für Lyrik. Doch auch wenn sie sie als ganz und gar *unfrankistisch* einstufte, verheimlichte sie ihre Mitarbeit in ihren biografischen Angaben in deutschen Literaturzeitschriften aus Furcht, Francos Aufmerksamkeit zu erregen.

Die Landschaft, diese *trostlos grossartige Steinwüste Kastiliens* nahm Hilde Domin gefangen und sie tupfte wie ein Maler ihre Eindrücke von der Umgebung mit Worten auf das Papier: *flaches Gelb und Grau, verbrannte Wiesen, ein in den Staub gekauertes Haus, eine schnurgerade über die kahlen Hügel laufende Mauer, weil auch die Wüste Besitzer hat. Bisweilen die quichoteske Silhouette eines Reiters hoch am Himmelsrand oder ein stechend schwarzer Fleck: Mensch oder Tier. Das Ganze eine ideale Anfängeraufgabe für einen modernen Maler: es ist alles schon weggelassen, alles auf die knappste Formel gebracht, farblich, menschlich, sachlich.* Die Gedichte aus jenen Tagen entsprachen der Struktur der Landschaft: Auf die knappste Formel gebracht waren auch sie menschlich und sachlich.

Hilde Domins Ansprüche an einen Ort, der ihr behagliches Wohnen und Arbeiten garantierte, unterschieden sich nach wie vor von denen ihres Mannes. Sie mied deshalb die pulsierende Hauptstadt, in der sich ihr Mann einquartiert hatte, und suchte sich eine ruhige Bleibe in den Bergen. War es Zufall, dass die ›Villa Santa Bárbara‹ in San Rafael dem ersten Domizil in Santo Domingo so sehr glich? Hier wie dort war es ein eher bescheidenes Häuschen, hier wie dort wurde die Terrasse von drei Rundbögen überspannt, hier wie dort konnte man sich von der Natur getröstet wissen und zumindest in der Hoffnung wiegen, das Fluchtkleid bald abzustreifen.

Dort in den Bergen stand Hilde Domin wie in alten Zeiten Erwin Walter Palm zu Diensten. Das befristete Stipendium setzte beide unter hohen Zeitdruck und deshalb arbeitete Hilde Domin rund um die Uhr, um Palms karibische Manuskripte gründlich zu lektorieren. Widmete sie sich in den spärlichen Pausen eigenem Schreiben, zog sie sich den Unmut ihres Mannes zu. Denn an ihrer Grundsituation in Bezug auf Domins schriftstellerische Tätigkeit hatte sich nichts geändert: In Palms Augen blieb sie Abel, dem er, Kain, die Leichtigkeit seines Schreibens neidete.

Im Februar 1956 war Palms Werk zum Druck bereit. Vicente Aleixandre hatte Hilde Domin seinen Drucker in Barcelona empfohlen. Seit ihrer Erfahrung mit den Arbeitern aus Santo Domingo wusste sie mit Druckern umzugehen. Dort hatte sie die Bediensteten in ihren einfachen Holzhütten mit einer Flasche Rum und strenger Regie zur Perfektion getrieben. Auch in Barcelona bestand sie darauf, etliche Seiten neu zu drucken – die deutsche Kontrolle wurde mit südlicher Gelassenheit ertragen.

Mit jedem Kilometer, der Hilde Domin weg von der Eifersucht ihres Mannes trug, wurde ihr Herz leichter. Ihre Briefe aus Barcelona lesen sich heiter. Endlich konnte sie nach erledigter Arbeit unbeschwert an ihren Gedichten arbeiten. Sie übertrug eine Auswahl für Aleixandres »Caracola«. Die

Übersetzungsarbeit ging ihr leicht von der Hand. Fünf ihrer Gedichte veröffentlichte Aleixandre. In Nummer 45 vom Juli 1956 erschien »Herbstzeitlosen«. Außerdem sichtete sie für den Fischer Verlag spanische Prosatexte. Das Projekt hatte sie dem Verlagsleiter Rudolf Hirsch schmackhaft gemacht, als er bei ihnen in Madrid einen Zwischenstopp auf seinem Weg nach Mallorca eingelegt hatte. Hilde Domin hatte ihm kurz vor ihrer Abreise nach Spanien von München aus einige ihrer Gedichte zugesandt. Sie waren im Briefkontakt geblieben.

Ostern 1956 war Palms Monumentalwerk gedruckt und Hilde Domin hatte es auf seinen Weg in die Karibik geschickt. Rechtzeitig genug, um mit ihrem Mann nach Málaga weiterzureisen. Sie wollten die opulenten Karfreitagsprozessionen nicht verpassen: Von dumpfen Klagelauten begleitet, tragen Legionäre und Bruderschaften die »Pasos«, Schreine mit monumentalen Heiligenbildern, durch die Straßen. Um die Bußbereitschaft zu steigern, oft auch auf ausgestreckten Armen. Noch im Bus auf der Heimfahrt hielt Hilde Domin ihre Eindrücke fest, die sie jedoch erst drei Jahre später in dem Gedicht »Die Heiligen« verarbeitete.

Der weitere Aufenthalt der Palms in Spanien wurde durch das Angebot der »Guggenheim Foundation« garantiert, das in New York nicht ausgeschöpfte Stipendium nun in Anspruch zu nehmen. Es ermöglichte ihnen ein Überwintern in der Nähe von Málaga. Die Zeit in der kleinen Ferienkolonie »La Verdad« zählte Hilde Domin zu den glücklichsten ihres Lebens. Sie dehnten sie bis in den Sommer aus, so dass die Ginster schon gelbe Schoten trugen und der Lavendel abgeblüht war, als sie wieder nach Madrid zurückkehrten. Von dort aus machte sich Hilde Domin allein auf den Weg zurück nach Deutschland.

8

HERBSTZEITLOSEN

Für uns, denen der Pfosten der Tür verbrannt ist,
an dem die Jahre der Kindheit
Zentimeter für Zentimeter
eingetragen waren.

Die wir keinen Baum
in unseren Garten pflanzten,
um den Stuhl
in seinen wachsenden Schatten zu stellen.

Die wir am Hügel niedersitzen,
als seien wir zu Hirten bestellt
der Wolkenschafe, die auf der blauen
Weide über den Ulmen dahinziehn.

Für uns, die stets unterwegs sind
– lebenslängliche Reise,
wie zwischen Planeten –
nach einem neuen Beginn.

Für uns
stehen die Herbstzeitlosen auf
in den braunen Wiesen des Sommers,
und der Wald füllt sich
mit Brombeeren und Hagebutten –

Damit wir in den Spiegel sehen
und es lernen
unser Gesicht zu lesen,
in dem die Ankunft
sich langsam entblößt.

Schriftsteller und Intellektuelle fanden sich im Schatten von Aleixandres sagenumwobener Zeder ein, deren Wachsen der Dichter von Beginn an erleben durfte. Er hatte sie selbst gepflanzt, um gegen die Hoffnungslosigkeit seiner Zeit ein Zeichen zu setzen. Die Zeder war noch klein, als Lorca, Hernández und Manuel Altolaguirre dort ständige Gäste waren. Besuche in Aleixandres Garten lösten bei Hilde Domin die Bilder ihres Gedichtes »Herbstzeitlosen« aus. »Heimatlosigkeit« durchdringt die Verse und deshalb gehen auch lang zurückliegende Klagen aus ihren Briefen aus Santo Domingo in das Gedicht ein: über die Abtreibung, die Fehlgeburt und das Entwurzeltsein. Wie eine Welle schien die Erinnerung sie mit sich zu reißen und bis zur Atemlosigkeit zu tragen – denn trotz Punkt und Komma liest sich das Gedicht wie ein langer Satz. Es liest sich wie ein einziges Klagelied, das sich mit allen Exilierten solidarisiert und sich von denen distanziert, die ihr Heim nie aufgeben mussten.

Denn im südlichen Garten diskutierte man viel über Exil und Heimatlosigkeit. Doch Hilde Domin glaubte aus Aleixandres Versen heraushören zu können, dass er eigentlich von Dingen sprach, die ihm erspart geblieben waren – darüber täuschte sie auch der *exotisch romantische Klang* seiner Worte nicht hinweg. *Ich finde, er schreibt über die Dichtung, wie ein leidenschaftlicher Koch, der sein ganzes Leben in der Küche verbracht hat, über das Kochen schreiben könnte.* Sie hielt mit ihrer Meinung vor ihrem Verleger Rudolf Hirsch nicht hinterm Berg.

Als Aleixandre 1984 starb, nahm Hilde Domin ihre Eindrücke der nachmittäglichen Zusammenkünfte von 1955 in das Gedicht auf, mit dem sie dem Spanier nicht nur Respekt zollte, sondern sanft thematisierte, dass Aleixandre immer mit kurzem Seil der Heimat verbunden geblieben war.

Du warst der erste Dichter
den ich in Europa sah,
der dritte seiner Generation,
und ich habe endgültig begriffen
daß die Dichter Kinder sind
und noch die wilden unter ihnen
sind nichts als Kinder.
Und du von diesen Kindern
das bescheidenste,
angebunden wie du warst
mit einem kurzen Seil
an das langsame Wachsen des Baumes
den du im Hofe deines Hauses pflanztest
nach dem Verstummen
der Kanonen und der Freunde.

Angesichts der Sorglosigkeit der Sesshaften im Garten des spanischen Freundes offenbarte sich der Dichterin ihre eigene Heimatlosigkeit. Im Blick zurück erst schien sie gewahr zu werden, wie rastlos und getrieben sie und ihr Mann die Exile durchreist hatten, ohne je Bleibendes gepflanzt oder Überdauerndes zurückgelassen zu haben – vor allem keine Kinder, deren Schatten sie wachsen sehen könnte.

Die wir keinen Baum / in unseren Garten pflanzten, / um den Stuhl / in seinen wachsenden Schatten zu stellen.

Nicht nur in ihren Briefen an Rudolf Hirsch drückt sie ihre Sehnsucht aus, endlich irgendwo sesshaft werden zu dürfen. Sie klagte darüber auch bei ihrer New Yorker Mäzenin Frieda Warburg: *no fixed chair to sit upon, no home, no job, no nothing, perched upon our suitcases.* Doch 1955 war der Ort, an dem sie Wurzeln schlagen durfte, noch nicht greifbar.

Bei denjenigen, *denen der Pfosten der Tür verbrannt ist,* waren die vertrauten Spuren der Kindheit ausgemerzt worden. Zerstört war der Türstock, auf dem sich kindliches Wachsen und Gedeihen festhalten lässt, auf dem man *die Jahre der Kindheit Zentimeter für Zentimeter eingetragen* hatte. Verbrannt war damit auch der Pfosten, der die Tradition bewahrt hatte: In seinem oberen rechten Drittel befestigte man in jüdischen Häusern die Mesusa, den kleinen Schriftbehälter, der Ausschnitte der Thora aufnimmt, die dem Haus ihren Segen geben. Hatten mit Blut markierte Türpfosten Juden nicht auch vor dem Tod bewahrt, als sie dem göttlichen Würgeengel Zeichen gewesen waren, dieses Haus zu verschonen und den Erstgeborenen am Leben zu lassen?

Für uns, die stets unterwegs sind / – lebenslängliche Reise. Im Reisekleid, das Fluchtbereitschaft versinnbildlicht, begingen die gläubigen Juden, wie in der Bibel geheißen, das Passahfest. Das Reisekleid hatte auch Hilde Domin noch nicht abgelegt.

Wenn wenig Tröstliches bleibt, machte sich Hilde Domin die Natur zur Verbündeten. Die Schöpfung ist verlässlich, widersetzt sich der Vergänglichkeit und lässt an ihren Früchten teilhaben. Die Natur scheint sich mit all jenen zu solidarisieren, die nur *am Hügel niedersitzen, als seien* [sie] *zu Wolkenhirten bestellt,* denn für sie *stehen die Herbstzeitlosen auf* [...] *und der Wald füllt sich mit Brombeeren.*

Kann ein Titel, kann eine Metapher trefflicher Hilde Domins damaliger Situation ein Zeichen setzen als die Herbstzeitlose? ›Herbstzeit‹ und ›Zeitlose‹ birgt das deutsche Wort in sich und hält damit melancholisches Abschiednehmen und Hoffnung tragendes Überdauern zugleich bereit.

Die botanische Entwicklung der Blume ist prädestiniert, den Lebenszyklus der Exilierten zu symbolisieren: Zarte fliederfarbene Blütenblätter sprießen unerwartet im Herbst aus einem unterirdischen Trieb, wenn Erblühen nur noch Erinnerung ist. Dann steigt die Herbstzeitlose wie Phönix aus der Asche, widersetzt sich dem eigentlichen Rhythmus der Natur.

Denn erst im Frühling darauf entfaltet sie Blätter und Früchte, die ihre Kraft aus den Speicherknollen tief unter der Erde ziehen. Das Wörterbuch der deutschen Pflanzennamen dokumentiert, wie unstet und wenig greifbar die Zuordnungsversuche der Pflanze sind: »Judenblume«, »Obdachlose«, »Nackertblum«, »Sohn-vor-dem-Vater«-Blume (»Mütter, die die Töchter ihrer Töchter« sind, heißt sie bei Apollinaire). Eine Pflanze, die die Regel umkehrt und zur Unzeit blüht. Das Erblühen der Herbstzeitlosen ist ein paradoxes Phänomen. Alles ist anders, als es die Natur vorgegeben hat. Noch dazu trägt sie das giftige Colchicin in sich – Heil und Tod bringend zugleich. Solch ein Gewächs dürfte von der Natur nicht vorgesehen sein. »Von der Natur nicht vorgesehen« wählte Hilde Domin als Titel für ihren Band mit »Autobiographischem« und nahm darin die Unwägbarkeit des Lebens auf: Heilendes, Giftiges, Unverschuldetes, Unverhofftes, Unerwartetes, Wunderbares – von jedem etwas hatte das Leben für Hilde Domin, für alle Exilierten, bereitgehalten.

Die Herbstzeitlose steht damit für Hilde Domins Überlebenswillen, dessen Speicherknolle das Urvertrauen war, mit dem ihre Eltern sie für das Leben ausgerüstet hatten und das ihr selbst dann nicht genommen werden konnte, als man ihr Heimat raubte und Zuflucht versagte. Wie die Herbstzeitlose hatte sich Hilde Domin im Exil fremden Bodenverhältnissen angepasst und auf neue Gegebenheiten eingestellt. Wie die Herbstzeitlose stand Hilde Domin 1955 auf der Schwelle zu einer Metamorphose und besetzte die Nische zwischen Vergehen und Neuerblühen, zwischen Gedeihen und Verderben.

Haben sich deshalb immer schon Dichter dieser Pflanze bedient? Paul Celan eröffnet mit der Herbstzeitlosen sein Gedicht »Erinnerung an Frankreich«: »Du denk mit mir: der Himmel von Paris, die große Herbstzeitlose«. Für Else Lasker-Schüler ist diese Blume in ihrem Gedicht »Weltflucht« Metapher für den Rückzug in das Innerste, hinab zur Speicherknolle tief im Boden:

»Ich will in das Grenzenlose / Zu mir zurück, / schon blüht die Herbstzeitlose / Meiner Seele.«

Sicherlich kannte Hilde Domin auch Guillaume Apollinaires Gedicht »Les Colchiques«, das er 1902 nach einer unglücklichen Liebe zu einem deutschen Mädchen geschrieben hatte. In Santo Domingo hatte Domin Apollinaire gelesen. Eröffnete sie deshalb ihr Gedicht »Herbstzeitlosen« mit drei großen Natur-Tableaus, denen sie die Jahre ihres Fluchtlebens zuordnet? Auch bei Apollinaire finden wir das Bild des Hirten in seinem Gedicht.

Le gardien du troupeau chante tout doucement
Tandis que lentes et meuglant les vaches abandonnent
Pour toujours ce grand pré mal fleuri par l'automne

Das Gedicht erschien 1956 noch ohne Titel auf Deutsch in der Zeitschrift »Hochland«.

Für Vicente Aleixandre übersetzte Hilde Domin es ins Spanische. Aleixandre begeisterte das Gedicht: *Profundo,* [...] *intenso,* [...] *poético* bejubelte er die »Cólquicos« überschwänglich. Mit der Übersetzung fand Hilde Domin zu dem Titel. Bei der geforderten lexikalischen Arbeit ersetzte sie auch gleich den »Türsturz« in der Originalfassung durch »Pfosten der Türe« in der Endfassung. Aleixandre ermöglichte, dass »Cólquicos« in der Literaturzeitschrift »Caracola« im Juli 1956 veröffentlicht wurde.

Das enthusiastische Lob des spanischen Dichters hatte Hilde Domin ermutigt, ihre eigenen Gedichte Rudolf Hirsch, dem Verlagsleiter des S. Fischer Verlags, erneut anzubieten. Wie schon im Jahr zuvor schickte sie ihm eine Auswahl ihrer Gedichte. Unter dem Einfluss der Spanier hatte sie sich weiterentwickelt. Sie versicherte Hirsch, dass ihre Gefühle nicht mehr die Haken schlügen, die er bei ihren ersten Gedichten noch bemängelt hatte. Sie war gereift und verglich sich mit einem Maler, der in eine neue Phase eingetreten war. Das Gedicht, das sie Hirsch zusandte, war zwar schon in der

Münchner Zeitschrift »Hochland« erschienen; doch in der »Neuen Rundschau« überschrieb sie es zum ersten Mal mit dem bleibenden Titel: »Herbstzeitlosen«.

FRANKFURT UND RUDOLF HIRSCH

1957 bis 1959

Banges Neujahr – Nur eine Rose als Stütze – Wahl

»Banges Neujahr«, »Nur eine Rose als Stütze«, »Wahl« und »Unaufhaltsam« – ohne Rudolf Hirsch hätte es diese Gedichte Hilde Domins wohl nicht gegeben.

Sie war im Sommer 1957 zunächst allein nach Deutschland zurückgekehrt. Erwin Walter Palm wollte im Herbst nach Abschluss seiner Arbeiten nachkommen. Frankfurt sollte ihr neuer Standort sein. Die Metropole am Main war den Palms vertraut, denn sie war nicht nur Geburtsstadt des einen, sondern auch die von Hilde Domins Mutter. Frankfurt, Stadt der Verlage – nach den zwei Überbrückungsjahren in Spanien versprachen sich die Rückkehrer hier endlich wirtschaftlich Fuß zu fassen. Hilde Domin hoffte im Verlag S. Fischer zu publizieren, ihr Mann stand mit dem Suhrkamp Verlag über dessen Cheflektor Walter Boehlich in Kontakt. Walter Boehlich hatte für das Paar ab Herbst zwei möblierte Zimmer in einer Villa auf dem Mühlberg angemietet. Den Übergang überbrückte Hilde Domin in einem großzügigen Zimmer im »Bremerhaus«, das sie Rudolf Hirschs Einsatz verdankte.

Frankfurt begann vielversprechend. Schon in der Dezemberausgabe 1957 von Rudolf Hirschs Literaturzeitschrift »Neue Rundschau« las man neben so bekannten Namen wie Saint-John Perse und Tibor Déry, Max Frisch und Eugène Ionesco – Hilde Domin. Hirsch hatte sie mit ihrem Gedicht *Wen es trifft* aufgenommen. In der »Neuen Rundschau« veröffentlicht zu werden, war etwas Besonderes, *eine »hohe Plattform«,* wie ihr der Herausgeber selbstbewusst versichert hatte, *die damals, 1957, ausser Celan kaum irgendwelche zeitgenössische Lyrik gebracht hatte.* Domin wiegte sich in der berechtigten Hoffnung auf gute Zusammenarbeit.

Vor allem auch, weil sich Rudolf Hirsch gegenüber seiner zukünftigen Autorin galant und fürsorglich zeigte. Hilde Domin nahm es als Beweis seiner besonderen Sympathie. Sie hatten sich zwar erst einmal persönlich gesehen, doch über Hilde Domins Manuskripte und Gedichte waren sie sich im Brief-Gespräch vertraut geworden. Die Gedichtzeile *als seien wir zu Hirten bestellt der Wolkenschafe* aus Domins »Herbstzeitlosen« hatte bei beiden die erste emotionale Brücke geschlagen: Der Kunsthistoriker Hirsch hatte Studien über den französischen Maler des Barock-Klassizismus, Nicolas Poussin, verfasst, und ausgerechnet dessen Bild *Schlaf der Hirten* hatte Hilde Domin auf allen Exilstationen begleitet. Seit ihrer Zeit in Rom beschirmte dieses Lieblingsbild ihren Schlaf: *Eine Hirtin fährt aus dem Schlaf und sieht einen stehenden, auf den Stab gelehnten Hirten an. Eros über ihr, den Pfeil abschiessend. Es ist ein solches Erstaunen. In dem gerade erwachten, auf- und anblickenden Gesicht ist der Augenblick in dem die Liebe geboren wird.* Der Funke der Zuneigung sprang dann schnell über. *Sie haben etwas, das die Menschen zwingt, Ihnen ihre schönste Seite zuzukehren*, schmeichelte Hirsch, und bald war sich Domin nicht mehr sicher, ob ihre Zuneigung zu ihrem Verlagsleiter lediglich *a spell that will pass by* (ein Zauber, der vorübergeht) bleiben würde.

Hilde Domin befand sich 1957 emotional in einem äußerst labilen Zustand und war empfänglich für Hirschs Fürsorge. Hatte sie diese Zuwendung überinterpretiert? Briefe, die beide austauschten, und die Gedichte, die Hilde Domin in jener Zeit verfasste, belegen ein nahes Verhältnis. Ja, mehr noch: Hilde Domin war verliebt und sprudelte vor Energie wie ein verliebter Teenager: Er ist *wahnsinnig unpraktisch, aber irgendwie bezaubernd. … touch wood, tocas hierro, damit ich ganz gut und vernünftig bin. Was einem auf seine alten Tage noch alles passiert, wovon man ein Leben lang verschont geblieben ist.*

Doch trotz des Gefühlstaumels überschritt das Verhältnis letztlich wohl nicht diese *zwanzig dreissig Zentimeter zwischen zwei Körpern*, wie es Domin in ihrem Gedicht »Zentimeter« nahelegte. *Glaube nicht, dass es so etwas wie einen Kuss etwa gegeben hätte.* […] *Man hat mir die Hand gestreichelt. C'est tout. Im Taxi fährt man so, dass Erwin bequem dazwischen sitzen könnte.* […] *Vielleicht, wie Kierkegaard es definiert: »er verführt nicht, er wünscht nur. Aber der Wunsch verführt« Eine subtile Affäre.* […] *Ich träume viel von ihm, aber alles vague.*

[…] *Dabei, ich will ehrlich sein, kam es das letzte Mal, vor Erwins Rückkehr, zu einer ganz kleinen Liebkosung* […] *Stell dir vor, so winzig, so andeutungsweise die Sache war, es hat sich wochenlang nicht abwaschen lassen.* […] *Ich kann mich nicht erinnern, dass mir je im Leben so etwas passiert ist.* Im Nachhinein bedauerte sie: *Uns nicht genommen zu haben, war vielleicht eine viel grössere Sünde.*

Rudolf Hirsch war vier Jahre älter als Hilde Domin, schwarzgelockt, von zarter Statur und über alle Maßen gebildet. Er hatte als Jude ein Exil hinter sich, war der Naziverfolgung 1933 mit seiner Mutter und seinem Bruder Wolfgang nach Amsterdam entkommen, wo die Mutter bis 1940 eine einfache Pension geführt hatte, in der auch Klaus Mann regelmäßig verkehrte. Hirsch hatte auch ihn mit seiner profunden Bildung für sich eingenommen. Als es ab 1940 in den Niederlanden keine Sicherheit mehr für die jüdische Familie gab, tauchte sie in Amsterdam unter, lebte knapp drei Jahre lang in einem winzigen Zimmer, die meiste Zeit unter einem Bett versteckt. Ein *Anne-Frank-Schicksal,* das nicht nur Hilde Domin rührte. Dem charismatischen Schöngeist lagen die Frauen zu Füßen. Er war Erwin Walter Palm nicht unähnlich, doch er unterschied sich von ihm in einem ganz wesentlichen Punkt: Er akzeptierte Hilde Domin von Anfang an als Dichterin, die sich von ihm behütet fühlte, ihn zu ihrem Engel verklärte, der *Abels kleine Flamme* (Domins Gedichte) gegen *Kain* (Erwin Walter Palms Neid) verteidigte: *Ich dachte, ein Engel sei gekommen damals im Sommer 57. Nie seit Mutters Tod war ich so beschützt eingeschlafen, wie damals im Sommer 57. Ich hatte das Gefühl, beim Zubettgehen halte irgendetwas eine Art Flügel über mich.*

Umgekehrt war auch Rudolf Hirsch in jenen Sommer- und Herbsttagen des Jahres 1957 für Hilde Domins Zuwendung offen. Er litt unter der Krankheit seiner verehrten Mutter. Die war, von einem Herzinfarkt kaum genesen, mit einer Krebsdiagnose konfrontiert worden. Hirsch nahm Hilde Domins Trost und Engagement für seine Mutter dankbar an.

Hilde Domin holte ärztlichen Rat ein, schrieb der Mutter Briefe und hatte schon alles für einen Besuch in Amsterdam in die Wege geleitet. Sie schien mit ihrer Fürsorge den Tod der eigenen Mutter zu verarbeiten. Der Katholik Hirsch (er war zum Katholizismus übergetreten, ohne sein Judentum zu verleugnen) musste gerührt gewesen sein, als ihn Domin kindlich ermunterte, *jener Instanz, die früher der liebe Gott genannt wurde, eine kleine Chance zu geben.* Die Monate des Sommers und Herbstes 1957 waren für Hilde Domin die emotional verwirrendsten seit langer Zeit. Sie trug diese Liebe zu Hirsch wie wachsendes Leben in sich. *Herrn Rudolf Hirsch nach meinem Tode* – steht auf einem Briefumschlag im Nachlass Hilde Domins; der darin eingeschlossene Brief zeugt von aufgewühlter Liebe: *Seit Sie zu meinem Körper leise »komm« gesagt haben, hat er nicht aufgehört zu Ihnen zu gehen. Ich hab ihn kaum halten können: ich wollte in Ihren Armen sterben.* In den Armen des Geliebten zu sterben war für Hilde Domin die Vollendung der Hingabe.

Der Sommer 1957 glich anfangs einer *Fahrt über rosa Wolken,* die nur zu schnell in eine Achterbahnfahrt der Gefühle überging. Hirschs Einladung zu einer gemeinsamen Kahnfahrt am Ammersee schürte Domins Sehnsucht. Die Fahrt nahm nicht die erhoffte Richtung. Eine heftige Auseinandersetzung mit Rudolf Hirsch im Sommer 1957 löste das Gedicht »Treulose Kahnfahrt« aus, das den Wunschtraum von einer neuen Liebe thematisiert und gleichzeitig der Enttäuschung über die Nicht-Erfüllbarkeit Ausdruck verleiht. Das lyrische Ich hatte sich auf ein vertrautes Verhältnis eingelassen, den *schimmernden Holzsteg des Gestern* mit der Aussicht auf eine *Fahrt über rosa Wolken* betreten, die doch sogleich *sanft die Richtung* verlor. Der Kahn treibt wie seine Passagiere leicht und *steuerlos, es knirscht der Sand schon unter dem Kiel* und kündet von einer unsanften Landung.

Einen kleinen aus Olivenholz geschnitzten Kahn schenkte Hilde Domin Rudolf Hirsch, als er ihr schließlich ankündigte, bald schon seine langjährige Verlobte zu heiraten.

»Aber« war in den Bug des Holzschiffchens eingraviert. Mit diesem aufbäumenden »Aber« beginnt das Gedicht »Treulose Kahnfahrt«: *Aber der Traum ist ein Kahn.* Autorin und Verleger hatten diesen Auftakt als Gedichtanfang ausgiebig diskutiert. Auch Hirsch war dafür gewesen, dieses »Aber« aufzunehmen.

Hilde Domins Sprache wurde immer wieder als schlicht im Vollkommenen bezeichnet. Doch scheinbar einfache Worte täuschen, denn die Lyrikerin schöpfte aus einem immensen Wissensbrunnen. Immer wieder ganz bewusst aus der Mythologie: Das sprechende Ich hätte in jenem Gedicht auch ein »Boot« oder ein »Schiff« besteigen können. Doch es hatte sich für den »Kahn« entschieden – der nur ein Ziel kannte. Wie Charon, der in seinem Kahn die Toten in die Unterwelt übersetzte, nahm die treulose Kahnfahrt Richtung auf die Schattenwelt: weg von *der Wiese im Licht*, hin zu den *Schatten der Weiden*. Bemerkenswert ist, dass Hilde Domin im Originalmanuskript nicht »Weiden«, sondern »*Weide*« schrieb, den Singular bewusst gesetzt hatte. Als »Weide« hatte sie in Briefen Rudolf Hirschs Verlobte bezeichnet. Das lyrische Ich schien zu ahnen, dass der Mit-Fahrende letztlich den Hafen der Ehe ansteuern würde. Wusste der Lektor um diese vertrauliche Besonderheit? Schon in der Erstausgabe von Domins erstem Gedichtband war »Weide« durch »Weiden« ersetzt worden.

Erwin Walter Palm konnte die Nähe seiner Frau zu Rudolf Hirsch nicht verborgen bleiben. Es sei wohl ideal, von seinem Verleger geliebt zu werden, kommentierte er die Stimmung nach einem gemeinsamen Abendessen zu dritt. Und tatsächlich hatte Hilde Domin ihrem Mann ihre Zuneigung zu Rudolf Hirsch nicht verheimlicht – doch offensichtlich nicht mit letzter Konsequenz. Sie versicherte dem Verlagsleiter, dass Erwin nichts *vom letzten Dezember weiss. Obwohl ich mehr als einmal ganz offen gesagt habe, dass es eine Möglichkeit wäre, mit Ihnen zu leben. Aber von der Möglichkeit bis zur konkreten Erwägung ist ein weiter Weg. Wie viel von diesem Weg ich gemacht habe, braucht er nie zu wissen.*

In jenen Tagen bat Hilde Domin ihren Mann in Briefen offen um eine *lange Leine.* Rudolf Hirsch dagegen setzte auf Diskretion: Nicht demonstrieren, eher verbergen solle man, wenn man schon dem Schwierigen nicht gänzlich ausweichen könne, hatte Hirsch zeitgleich an Paul Celan geschrieben und fast scheinen diese Worte die Beziehung zu seiner Autorin zu thematisieren. Für die war ihre Liebe zu Hirsch eine Erschütterung ihres Lebens, die für eine Ehe taugte – nicht jedoch für einen Ehebruch. *Einen kleinen Ehebruch hätte er vielleicht auf sich genommen. Es hat etwas Peinliches, aber es kommt doch vor. Jemand die Frau wegnehmen, ist etwas ganz anderes. Man bringt sich nicht in eine solche Lage.* – Bei der ästhetischen Verarbeitung des Erlebten in ihrem Roman »Das Zweite Paradies« analysierte Domin ihr Verhältnis zu Hirsch schon ohne Tabus und nahm Briefstellen aus ihrer Korrespondenz und ganze Passagen aus »Gesammelte autobiographische Schriften« nahezu unverändert darin auf. *Ich trau mich zu lieben* – Euphorie und Trotz spricht aus dem Motto, das sie dem Roman vorangestellt hatte. Das Prosastück ist kaum fiktionalisiert. Die Protagonistin bekennt sich darin ohne Tabu zu ihrer Sehnsucht nach körperlicher Liebe: *Sie lag im Bett* [...] *und sehnte sich nach Wolfgangs Händen.* [...] *Die Freude an der Ekstase des andern ist ein komplexes Gefühl. Einladung, miteinander davonzuschweben.* [...] *Kinder von uns wären Vögel geworden. Schwalben.* Hilde Domin war sich darüber im Klaren, dass der Roman eine delikate Angelegenheit war, in dessen Endfassung die Protagonisten für die Menschen ihres Umfelds unschwer auszumachen waren. »Wolfgang« hieß Hirschs Bruder. Hirschs Einwände wegen Indiskretion prallten an Domin ab: ... *und hätte man Th. Mann auf diese Weise diskutiert. Es kommt ja nur auf das an, was V. Woolf die Vision und ich den Modellfall nenne, die Protagonisten sind nichts als Figuren, Marionetten, Träger von Erfahrungen.* Hätten sich nicht auch Ingeborg Bachmann in »Der gute Gott von Manhattan« oder Thomas Mann in »Die Buddenbrooks« in die Karten ihres Lebens sehen lassen?

Auch Gerhart Hauptmann hätte dem Leser keine Einzelheiten seines zehnjährigen Ehe-Dilemmas vorenthalten, und sie führte auch James Joyce als Beweis an, der sich für seine Bekannten recht intim gelesen haben musste.

Doch offenbar wollte Rudolf Hirsch sich nicht auf ein bindendes Verhältnis einlassen. Domin sprach ihrer Freundin Edith gegenüber von einer verzweifelten Bindung und dass Hirsch ihr *sein Leben* angeboten habe. Sie war überzeugt davon, dass er letztlich nur deshalb den Heiratstermin mit seiner Verlobten ansetzte, um sie unter Druck zu setzen. Und selbst die hochbetagte Dichterin senkte noch ihre Stimme, wenn sie von den Anfängen ihrer literarischen Karriere sprach: Ihr Weg sei nur deshalb so steinig gewesen, weil sie sich Rudolf Hirsch nicht als Geliebte hingegeben habe.

Der Verlagsleiter war seit 1950 mit der um viele Jahre jüngeren Verlagsangestellten Gisela von Tümpling verlobt, die er schließlich erst 1963 heiratete. Sie kannte die Frauen, die dem Charme ihres späteren Mannes erlegen waren, doch zählte Hilde Domin nicht zu denjenigen, die ihre Beziehung ernsthaft hätten gefährden können.

Domins Sehnsucht nach Rudolf Hirsch beherrschte und belastete in jenen Tagen auch die raren Momente, die sie mit ihrem Mann verbrachte. Palm war extra aus Spanien angereist, damit sie ihre Geburtstagsmonate Juli und August gemeinsam verbringen konnten. Doch wie schon früher vergrößerte die räumliche Nähe die emotionale Kluft. Beide hatten ernsthaft versucht, endlich einmal wieder nur sie Zwei zu sein; doch Rudolf Hirsch blieb als unsichtbarer Dritter omnipräsent. Ausflüge an die Stätten ihrer Kindheit, die sich Palm gewünscht hatte, wurden deshalb getrübt und führten schließlich zum Eklat, als sie im Museum von Aschaffenburg ein Portrait aus der Schule Rembrandts entdeckten, das Rudolf Hirschs Züge trug.

Nahmen sie gesellschaftliche Verpflichtungen in scheinbarer Harmonie auch gemeinsam wahr, innerlich waren sie sich fremd.

Die äußeren Umstände konnten wenig dazu beitragen, die Zerrüttung abzufedern. Nach wie vor kämpften beide um die Entschädigung als NS-Verfolgte. Die Verfahren wurden so schleppend abgewickelt, dass auch die Öffentlichkeit diese Hinhalte-Taktik mit Unmut diskutierte und mutmaßte, dass die Hälfte der Anträge wohl für immer unbearbeitet bleiben sollte. Eingaben, Verhandlungen und Gerichtstermine zermürbten. Klagte Hilde Domin über schleppende oder mangelnde Anerkennung im Literaturbetrieb, so deprimierte Erwin Walter Palm weiterhin seine berufliche Perspektivlosigkeit. Konkrete Zusagen auf einen Universitätsposten waren ebenso ausgeblieben wie die Anerkennung als Schriftsteller. Enttäuschung beruflich wie privat.

Den Jahreswechsel hatten beide trotz aller Differenzen gemeinsam bei Frankfurter Freunden gefeiert. Doch gleich Anfang Januar 1959 reiste Hilde Domin über München nach Astano im Tessin. In Distanz zu Männern und Querelen wollte sie die Manuskripte für ihren ersten Gedichtband zusammenstellen, der ihr für den Herbst endlich zugesagt worden war. Erwin Walter Palm machte sich unterdessen wieder auf den Weg zurück nach Madrid. Sondierungsgespräche bei der Deutschen Forschungsgemeinschaft in Bonn hatten ihm nicht die erhoffte Anstellung an der Bonner Universität gebracht, doch immerhin eine Verlängerung seines Stipendiums bewirkt.

9

BANGES NEUJAHR

Das tiefere Rot der Hyazinthe die stirbt:
die Schwermut steigt in dem Stengel,
ihr dunkler Saft
Pegel des Tods in der Dolde.

Weihnachten ist dahin,
alle Kerzen sind niedergebrannt,
Wachsflecken auf dem Tischtuch.
Das Kind, das Neue Jahr,
regt sich nicht in der Krippe.
Wir warten auf sein Lächeln,
wir warten auf seinen Schrei,
wir halten den Atem vor Angst.
Die Nacht ist so naß,
so sternenlos,
die Reiser blühn,
die Hyazinthe stirbt.
Das Wunder
– kaum ein Glänzen am Horizont –
geht in weiter Ferne vorüber.

Die Knospe einer Liebkosung, von keinem Gärtner gepflegt, im Laub meines Körpers verborgen, langsam, unaufhaltsam sich öffnend, macht mich fremd mit mir selbst. Hilde Domin suchte bis zum Frühjahr 1959 nach neuen Wegen, um aus dem Dschungel ihrer Gefühle herauszufinden. Ihre Verzweiflung war groß, dass die Liebe, die sie so erschüttert hatte, unerfüllt geblieben war. Die dreiunddreißig veröffentlichten Gedichte aus jener spannungsreichen Frankfurter Zeit überzeugen durch die Perfektion von Bildersprache, Rhythmus und Struktur. Gesteigerte Kreativität aufgrund seelischer Bedrängnis ist kein ungewöhnliches Phänomen. Hatten sich nicht auch die prominenten jüdischen Künstler, die man in Theresienstadt zusammengetrieben hatte, in unglaubliche Produktivität geflüchtet? Widersetzt sich nicht jede Pflanze dem nahen Ende durch übermäßiges Blühen? *Aber die Gedichte sind doch so sehr das Selbe wie ich*, gestand sie ihrem Verleger Rudolf Hirsch, der genau deshalb vorerst von der zugesagten Veröffentlichung hatte absehen wollen. Und auch wenn sie in ihrem Roman »Das Zweite Paradies« Faktisches ästhetisch umgewandelt hatte, so las er sich für Hilde Domins Umfeld und Kenner der Literaturszene wie ein intimes Tagebuch. Da mochte die Autorin vor allem Rudolf Hirsch noch so sehr zu überzeugen versuchen, dass man *alles Persönliche im engeren Sinne bei der Lektüre* vergessen könne, weil sie nur *das Prekäre von Heimat und Liebe* behandelt habe. Sie wusste sehr wohl, dass sie eigentlich entschieden zu viel Mut an den Tag gelegt hatte, als sie Orte und Personen festlegte. Hatte sie sich auch deshalb nochmals mit ihrem Kinderwunsch auseinandergesetzt? Kinder, die leicht wie *Schwalben* geworden wären? *Aber es ist spät für die Schwalben,* heißt es in dem Roman. *›Man fühlt es, wenn man die Natur wider sich hat.‹*

Mit 48 Jahren hatte auch Hilde Domin die Natur wider sich, wenn sie noch einen Kinderwunsch hegen sollte. Wollte sie ihre biologische Uhr bezwingen und den Lauf der Zeit stoppen? Im Dezember 1957 unterzog sie sich einer intensiven Hormonbehandlung, über die sie sich mit ihrer Ärztin aus Oberammergau austauschte. Die Medikamente werden heute nicht mehr eingesetzt, doch in den Fünfzigerjahren dienten sie dazu, eine Schwangerschaft möglich zu machen oder zu stützen. Auf der Schwelle zum neuen Jahr 1958 allerdings schien Hilde Domin nicht länger an das erhoffte Wunder zu glauben.

Über dem Gedicht »Banges Neujahr« liegt der Schatten einer totgeborenen Liebe. Es trägt die Sehnsucht nach einem zweiten Paradies in sich, nachdem das erste, das der Heimat und der Liebe, verlorengegangen war. Der Verlust der Heimat und der Verlust der Liebe gehen Hand in Hand.

In Grenzsituationen, die weder Halt noch Trost bieten, besinnt sich der Verzweifelte oft auf die Religion. »Banges Neujahr« bedient sich der bekannten theologischen Bilder aus der Weihnachtszeit, wie sie in den Evangelien zu lesen sind. Das Kind in der Krippe sollte eigentlich Erlösung verheißen. Mit seinem Lächeln und seinem Leben verspricht es die Erfüllung des Wunders. Auch der Cherub, der in dieser Weihnachtsnacht seinen Wachtposten räumt und den Zugang zu dem Paradies wieder freigibt, trägt dazu bei. So verheißt es das bekannte Weihnachtslied »Lobt Gott ihr Christen alle gleich«: »Heut' schließt er wieder auf die Tür zum schönen Paradeis der Cherub steht nicht mehr dafür, Gott sei Lob Ehr und Preis.«

Für Hilde Domin erfüllte sich in dieser Erkenntnis die Weihnachtsbotschaft: Dass der Zugang zum Paradies in dieser Weihnachtsnacht wieder ermöglicht wird. Und doch trägt Hilde Domin in »Banges Neujahr« ihren Traum von der Verheißung auf das »Paradies« zu Grabe. Die theologischen Topoi trösten nicht, denn sie lösen das versprochene Wunder nicht ein.

Damit ist Weihnachten mehr als nur zeitlich vorbei. *Weihnachten ist dahin.* Vom Glanz der brennenden Kerzen sind nichts als hässliche *Wachsflecke auf dem Tischtuch* geblieben. Vergeudete Liebe. Die Hoffnung auf ein fruchtbares Erblühen stirbt, entpuppt sich als totgeborenes Kind. *Das Wunder – kaum ein Glänzen am Horizont – geht in weiter Ferne vorüber.*

Die religiösen Sprachbilder provozieren beklemmende Trauer und lesen sich wie die Trauer, die man bei dem Verlust eines Kindes empfindet. Der Atem stockt.

Das Kind, das Neue Jahr,
regt sich nicht in der Krippe.
Wir warten auf sein Lächeln,
wir warten auf seinen Schrei,
wir halten den Atem vor Angst.
Die Nacht ist so naß,
so sternenlos,
die Reiser blühen,
die Hyazinthe stirbt.

Die Sauerkirschzweige, die Hilde Domin Tage zuvor noch hoffnungsfroh im verwaisten Nachbarsgarten gepflückt hatte, *die Reiser*, waren zwar erblüht, doch die Hyazinthe war im Begriff zu sterben.

Hilde Domin und Erwin Walter Palm waren in der Mythologie bewandert. Palm hatte sich in Italien als Student der Philologie intensiv mit den Metamorphosen des römischen Dichters Ovid beschäftigt. Die hätten zum Thema seiner Dissertation werden sollen. Die Hyazinthe – Sinnbild für Schmerz, Trauer und Vergänglichkeit – erwuchs dem Mythos nach aus einer unglücklichen Dreiecksbeziehung:

Der Gott Apollo ist in Liebe dem schönen Jüngling Hyakinthos verfallen. Doch auch Zephyr, der Gott des Windes, ist für ihn entbrannt. Im Eifern um die Gunst des Jünglings lenkt Zephyr, während Apollo mit Hyakinthos beim Diskusspiel ist, die Scheibe aus ihrer Bahn, so dass sie den Geliebten tödlich am Kopf verletzt. Apollo kann ihn zwar nicht mehr retten, doch lässt er als letztes Zeichen seiner Liebe aus dem Blut des Angebeteten eine Blume sprießen: die Hyazinthe, in der sich Sterben und Neubeginn vereinen; Symbol des Werdens und Vergehens.

Das tiefere Rot der Hyazinthe die stirbt:
die Schwermut steigt in dem Stengel,
ihr dunkler Saft
Pegel des Tods in der Dolde.

Die ersten Monate des Jahres 1958 sollten ein emotionales Auf und Ab bleiben, das diejenigen, die in der Dreiecksbeziehung verfangen waren, gleichermaßen auszehrte. Am 13. August 1958 schien Domins Beziehung zu Rudolf Hirsch ein abruptes Ende gefunden zu haben. Ein *fatales Wort* des Verlagsleiters am Telefon und seine abwertenden Bemerkungen über ihre Gedichte auf den Druckfahnen hatten Hilde Domin verletzt. Jene unglückliche Begegnung im Verlag löste ihre überstürzte Abreise nach Oberammergau aus – und das Gedicht »Unaufhaltsam«. Ende 1958 flammte die glimmende Zuneigung noch einmal auf; das emotionale Band hielt Hilde Domin noch bis 1959 fest umschlungen.

Ein bislang unbekannter Brief Hilde Domins an Rudolf Hirsch von 1959 trägt alle Sprachbilder ihres Gedichts »Banges Neujahr« in sich. Er wurde mir 2011 ausgehändigt und ist mittlerweile im Literaturarchiv Marbach Domins Nachlass zugefügt worden. Die Assoziation mit dem realen Verlust eines Kindes bedrücken. *»Das totgeborene Kind«... jetzt habe ich es endlich verloren. Ich kann kaum stehen vor Schwäche. In diesem Zimmer lebe ich noch mit Dir, als habe ich wirklich hier mit Dir gelebt. Ich hab es bis zum 30. bezahlt. Noch heute, noch morgen.* [...] *Merkwürdig, dass ich mich von Deiner Liebe immer noch beschützt fühle. Wo ich sie doch nicht mehr habe – und sie vielleicht auch nie gehabt habe.* So konkret hat keiner der Briefe die Liebe zwischen dem Verlagsleiter und seiner Autorin offenbart. So konkret hat keiner der Briefe Domins Enttäuschung formuliert. Aus der sich die Lyrikerin nur mit ihren Gedichten rettete. Doch Rudolf Hirsch war nicht gewillt, Domins Erinnerungssplitter in seinem Hause zu einem Spiegel zusammensetzen zu lassen. Als Verleger saß er am längeren Hebel. Er versenkte die Gedichte in seinem Schreibtisch und schränkte private Begegnungen mit seiner Autorin ein. Im Folgejahr sahen sie sich geschäftlich zwar einige Male zum Essen im Hotel »Frankfurter Hof« und tranken zusammen Kaffee. Doch nie allein, immer *publice.* Die Treffen im Verlag gestattete sich Hirsch nur noch bei geöffneten Türen.

Die Beziehung verkümmerte und schlief 1964 endgültig ein, nachdem Rudolf Hirsch den S. Fischer Verlag 1963 verlassen hatte. Doch bis dahin verstummten Domins Klagen über ihre Enttäuschung und Unmöglichkeit ihrer Liebe nicht: *Ich gehe daran zu Grunde, dass ich mit einem Traum aus Madrid zurückkam, der verwirrt wurde, nur wir beide wissen das.*

Zur großen Festschrift anlässlich des 70. Geburtstags von Rudolf Hirsch am 22. Dezember 1975 steuerte Hilde Domin keinen Beitrag bei. In die Liste der Autoren, für die sich Rudolf Hirsch für S. Fischer bezüglich Betreuung und Förderung besonders eingesetzt hatte, nahm der damalige Cheflektor Hellmut Freund in seiner Festrede Hilde Domin nicht auf.

Dennoch war Hilde Domin auf gutem Weg zu sich selbst geblieben und kämpfte um ihre Souveränität. Die Auseinandersetzungen um ihre erste Publikation hatten ihr einen langen Atem abverlangt. Sie hatten sich fast zwei Jahre lang hingezogen. »Das Zweite Paradies« musste sich gar acht Jahre lang gedulden. Erst dann wurde es ediert – beim Piper Verlag in München, nicht bei S. Fischer.

10

NUR EINE ROSE ALS STÜTZE

Ich richte mir ein Zimmer ein in der Luft
unter den Akrobaten und Vögeln:
mein Bett auf dem Trapez des Gefühls
wie ein Nest im Wind
auf der äußersten Spitze des Zweigs.

Ich kaufe mir eine Decke aus der zartesten Wolle
der sanftgescheitelten Schafe die
im Mondlicht
wie schimmernde Wolken
über die feste Erde ziehn.

Ich schließe die Augen und hülle mich ein
in das Vlies der verläßlichen Tiere.
Ich will den Sand unter den kleinen Hufen spüren
und das Klicken des Riegels hören,
der die Stalltür am Abend schließt.

Aber ich liege in Vogelfedern, hoch ins Leere gewiegt.
Mir schwindelt. Ich schlafe nicht ein.
Meine Hand
greift nach einem Halt und findet
nur eine Rose als Stütze.

»Dein wohl bekanntestes Gedicht ›Nur eine Rose als Stütze‹ symbolisiert die Zufluchtsstätte nach der Rückkehr, also die deutsche Sprache?« – Hilde Domins Augen waren bis ins hohe Alter Spiegelbild ihrer Seele. Von einer Sekunde auf die andere verlor sich das Blitzen in ihren Augen, und Kummer flutete den Blick, als sie mir die Antwort gab: *Ach. Weisst Du, das war doch im grossen und ganzen die Erfahrung einer flüchtigen Existenz.* Und hatte die Bewegung ihrer Hand gerade noch die Gegenwart zur Seite gefegt und den Kummer untermalt, so strahlten ihre Augen in der nächsten Minute, als sie sich eines anderen Details erinnerte: *Mit meinem ersten Honorar aus meinen Gedichtveröffentlichungen hatte ich mir eine wunderbare Schafwolldecke gekauft. Seltsam, nicht wahr, dass etwas so Konkretes in ein Gedicht eingeht? – Walter Jens schrieb damals, mit der Rose sei die deutsche Sprache gemeint. Das hat überzeugt – nicht nur mich. Ach.* Sie lächelte.

Das Werkverzeichnis der Gedichte in »Heimkehr ins Wort. Materialien zu Hilde Domin« von 1982 schreibt dem Gedicht »Nur eine Rose als Stütze« zwei Entstehungsdaten zu: 11. 3. 1957 Frankfurt und 11. 3. 1959 Astano. In die 1998 neu aufgelegte, überarbeitete Materialiensammlung »Vokabular der Erinnerungen. Zum Werk von Hilde Domin« wurden diese Daten unkorrigiert übernommen. Doch im März des Jahres 1957 weilte Hilde Domin nachweislich im spanischen La Verdad, 18 Kilometer südwestlich von Málaga. Das handschriftliche Manuskript klärt den Übertragungsfehler auf: Statt auf den 11. 3. ist das Gedicht auf den 3. 11. 1957 datiert.

Am 3. November 1957 war Hilde Domin tatsächlich in Frankfurt gewesen. Den Sommer hatte sie schwebend leicht verbracht, getragen vom Gefühl einer sich anbahnenden Liebe. Bis die Zimmer auf dem Frankfurter Mühlberg frei waren, hatte Rudolf Hirsch seine zukünftige Autorin luxuriös untergebracht. Hilde Domin wertete die Fürsorge als Zuneigung. Ende Oktober endlich waren die angemieteten Zimmer frei, und Hilde Domin richtete sich ein, *auf dem obersten Stock einer Villa, am Ende eines Gangs.* Gepflegte Parkanlagen umgaben das Grundstück. Waren die Fenster im Dachgeschoss auch klein, so boten sie doch einen unverstellten, herrlichen Blick auf den »Goetheturm«, dem höchsten hölzernen Aussichtsturm Deutschlands, wo Erwin als Kind Salamander gefangen hatte.

Ich richte mir ein Zimmer ein in der Luft / unter den Akrobaten und Vögeln

Auch dass die Dachzimmer in der Gemündener Straße 12 trotz Nobellage eher einer spartanischen Bleibe glichen, fiel nicht ins Gewicht, denn sie folgten in Ausstattung und Aufteilung nur dem gültigen Wohnmodell der Palms: Minimalmöblierung. Unverzichtbar waren seit jeher getrennte Zimmer, in denen jeder für sich nach seinem Rhythmus leben, arbeiten und schlafen konnte.

Hilde Domin war zum zweiten Mal nach Deutschland zurückgekehrt, aber dennoch war ihre Bleibe vorerst nicht mehr als *ein Nest im Wind / auf der äußersten Spitze des Zweigs.*

Vom ersten Honorar ihrer gerade veröffentlichten Gedichte hatte sie sich eine *besonders schöne weiche Wolldecke* gekauft, gestand sie nicht ohne Stolz ihrer amerikanischen Freundin Edith Baron, und auch, dass die Decke mehr war als wärmegebende Hülle: Sie wickelte sich *besonders in den ersten Tagen in diese Decke ein als sei sie eine feste Wohnung und eine Bleibe, sodass sie geradezu* – [...] *eine symbolische Bedeutung* erhielt. Die Decke stillte die Sehnsucht nach Geborgenheit und Zärtlichkeit. Hilde Domin hielt an dieser liebgewonnenen Gewohnheit bis zum Ende ihres Lebens fest: Immer wurde unter das Oberbett eine Wolldecke eingezogen, auch in Hotels bestand sie darauf. Wenn alles sie verließ, so blieb das *Vlies der Tiere* verlässlich.

Im tristen Frankfurter November wärmte sich Hilde Domin an ihrer Erinnerung an die bunten Zusammenkünfte mit den spanischen Dichtern in San Rafaels sommerlicher Idylle. Dort hatte sie beim Anblick der friedlich weidenden Schafherden Ruhe gefunden, deren Glöckchen sie abends in den Schlaf geläutet hatten. Diese zärtliche Sehnsucht nach einem sicheren Stall kannte sie noch von Santo Domingo:

Dort hatte sie das Trippeln der kleinen Hufe der Ziegen, die abends zu den heimischen Ställen zurückkehrten, beruhigt, doch auch gleichzeitig die eigene Heimatlosigkeit vor Augen geführt. Ihre Wieder-Begegnungen mit den spanischen Dichtern aus ihrer Exilzeit in Santo Domingo waren mehr als Erinnerungen. Sie hatte sie übersetzt. Sie hatte mit ihnen gelebt. Sie hatten sie geprägt: Was man einmal gelesen hat, vergisst man nicht. Rafael Albertis Gedicht »Getäuscht hat sich die Taube« endet mit den Zeilen: »*(Sie schlief am Ufer. – Du auf der Spitze des Zweiges.)*«

Es ist ein glücklicher Umstand, dass die Urfassung des Gedichts »Nur eine Rose als Stütze« als handschriftliches Manuskript in Hilde Domins Nachlass erhalten ist, denn sie gewährt Einblick in die Arbeitsweise der Dichterin. Die Bilder jenes ersten Entwurfs orientieren sich noch sehr am Faktischen. Eine ästhetische Umsetzung fand erst 1959 statt. Suchte Domin nach einem Halt für inneres Gleichgewicht, so griff sie anfangs noch ganz konkret nach *einer roten Rose – dem Trost einer Rose – als sei sie eine Balancierstange – als gewähre sie Gleichgewicht – als sei sie ein Anker*.

Rosen vielfältiger Art trug Hilde Domin in sich: den Rosenstrauch des Jiménez, die rote Rose des García Lorca, die »Flügelseelen aus Rosen« des Hernández, die sterbende Rose des Jorge Carrera Andrade oder die »Rose aus Asche« von Baeza Flores. Die ambivalente Rose, seit jeher Sinnträger für geistliche Schönheit, für Blühen und Welken, für Schmerz und Stolz blieb Hilde Domin bis an ihr Lebensende eine Art Ansprechpartner: *Die Zimmer in die ich Rosen stellen werde dass etwas darin mein sei* – auch das Gedicht »Jenseits des Bergs« dokumentiert diese liebgewonnene Gewohnheit. Später umgab sich Hilde Domin auch in ihrer Heidelberger Wohnung mit Rosen, umkränzte die aufgestellten Fotos ihrer Toten mit frischen Rosen, wie um mit ihnen ins Gespräch zu kommen. Bevor sie sich von einer verwelkten Rose trennte, verabschiedete sie sie mit einem Kuss. Rosen zierten das Lesepult der Dichterin, mit Rosen begrüßte und verabschiedete man sie bei Lesungen. Die Rose war für Hilde Domin immer mehr als ein Stilmittel. Sie ersetzte ihr in »Gesammelte autobiographische Schriften« gar das Schwert: den Satz aus Wagners »Walküre« »Ein Schwert verhieß mir der Vater« wandelte Hilde Domin in der Erzählung über eine Lese-Begebenheit ab: *Eine Rose verhiess mir der Vater.*

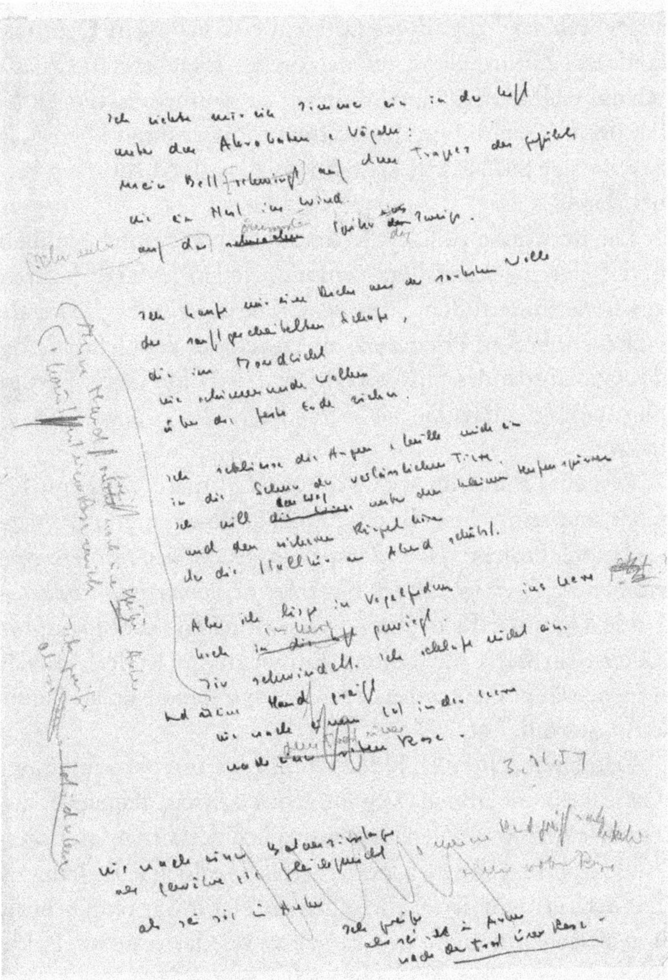

An jenem 3. November 1957 aber hatte ihr eine echte rote Rose auf ihrem Nachttisch seelischen Halt gegeben, als sie an ihrem Gedicht arbeitete und erste Gedanken festhielt. Diese Rose war ihr außerordentlich nah und lieb gewesen: *sie schlief dann den Rest der Nacht bei mir auf dem Kissen*, gestand sie Hermann Hesse zwei Jahre später.

Suchte die Hand Halt bei der Rose, so musste sie sich vor den Dornen vorsehen. Nicht nur Hilde Domins Umgebung zeigte sich stachelig, dornig präsentierte sich auch Deutschland. Mit Zirkusreife versuchten die zurückgekehrten Exilanten das Gefühl der Heimatlosigkeit zu verarbeiten. Ein Akrobat unter Vögeln. Die Rose versagte vorerst ihren Dienst als zuverlässige Stütze. Der erste Entwurf des Gedichts trug keinen Titel.

Die Beziehung zu Rudolf Hirsch hatte dramatische Höhen und Tiefen bereitgehalten – emotionale Höhenflüge endeten am Boden unerfüllter Sehnsucht. Die anfangs beglückende Nähe wurde zum Hindernis, als Hirsch die Veröffentlichung des Gedichtbandes hinausschob, sodass Hilde Domin resigniert beklagte, dass die *Weichensteller* [...] *die Lichter auf rot stellen.*

Erst eine Einladung des Verlegers Gottfried Bermann Fischer und seiner Frau Brigitte brachte Bewegung in das verschleppte Projekt: *kurz darauf wurde ich bei Fischers eingeladen und gefragt, ob ich Gedichte für einen Band habe.* – Hilde Domin rafft in ihren »Gesammelten autobiographischen Schriften« die weitere Entwicklung. Rudolf Hirsch musste grünes Licht geben. Herbst 1959 stand bald als Publikationstermin fest.

Deshalb machte sich Hilde Domin Anfang 1959 mit ihren Manuskripten auf den Weg ins schweizerische Astano in der Tessiner Bergwelt. Die Umgebung glich den Orten, in denen Hilde Domin immer in Zeiten großer seelischer Bedrängnis Zuflucht gesucht hatte. Nicht nur die Natur war vergleichbar, ihre Seelenlandschaft war es auch: Wieder trauerte Hilde Domin einer verlorenen Liebe nach, Erwin Walter Palms Neid auf die Leichtigkeit ihres Schreibens zer-mürbte sie weiterhin. Die Gedichte, die in Astano reiften, nahmen ihre Sehnsucht nach der unerfüllten Liebe zu Rudolf Hirsch quälend auf. *Werd ich es lassen / auf dich zu warten / an den hellen Wegen,* fragt das lyrische Ich in dem Gedicht »Von Grün zu Gold«. *Und verdammt, mögen Sie nun kommen oder mögen Sie nicht?* grollte Domin weniger lyrisch im Brief hinterher. Ihre Gefühle für Rudolf Hirsch brodelten, doch verkochten im Unerfüllten. Ihr blieb nichts anderes übrig, als sich an der Traurigkeit ihrer eigenen Gedichte zu betrinken.

Die größte Herausforderung bestand darin, die intimen Bilder zu entindividualisieren und Faktisches auszumerzen. Die bitteren Gefühle aus der Zeit von 1952 und 1953 in Haiti und Vinalhaven ließen sich nicht ausradieren, doch sie lagen mittlerweile so weit zurück, dass Hilde Domin ihre Gedichte mit *völliger Distanz, rein literarisch* betrachten konnte. Sie verglich sich mit einem Gärtner, der einen alten Garten jätete. Sie staunte über ihre *jetzt so andere Hand*: Sie hatte unnütze Seitenäste gekappt, alle *abstrakten Genitiva raus*gestrichen – kurz: die Gedichte verjüngt. Die Zeilen des Manuskripts der ersten Frankfurter Fassung *mein Bett schwingt auf dem Trapez des Gefühls wie ein Nest im Wind* verschlankte die versierte Hand der Dichterin zu *mein Bett auf dem Trapez des Gefühls.* Die Sprachhandwerkerin hatte längst zu der »unspezifischen Genauigkeit« gefunden, die man seit ihrer Frankfurter Poetiklesung 1988 als markantes Merkmal ihrer Gedichte bezeichnen würde.

Der Hügel von Astano wurde für Domin zum Berg der Erkenntnis. Denn dort fand sie zu dem fast sprichwörtlich gewordenen Titel ihres ersten Gedichtbandes, der so viel Beachtung finden und so viel Deutung erfahren sollte.

Nichts wurde Hilde Domin einfach gemacht, auch das Ringen um den Titel des Buches war zäh gewesen. Rudolf Hirsch favorisierte von Anfang an *Das goldene Seil* aus dem gleichnamigen Gedicht und begründete es damit, dass Domins Gedichte ein Bindeglied zwischen ihm und ihr seien. Hilde Domin lehnte das unverzüglich und dann beharrlich ab.

Das *Seelenseil, am Kopfende der Sterbebetten,* hatte sie aus dem Japanischen entlehnt. Mochte es auch die Verbindung zwischen Sterbenden und Lebenden schaffen, so war es ihr als Titel ihres ersten Buches zu morbid. Der sollte unbedingt das Bild der Rose aufnehmen. Nicht abwegig ist der Gedanke, dass Hilde Domin damit bewusst Anlehnung an den ersten Gedichtband ihres Mannes suchte, dessen Titel »Rose aus Asche« er dem Gedicht von Alberto Baeza Flores entnommen hatte. Und möglicherweise brachte sich auch die Rose ein, die Hilde Domin auf dem verwaisten, leeren Stuhl in Astano gegenübersaß als Ersatz für den fehlenden menschlichen Ansprechpartner. Trost und Stütze sollte die Rose sein. Doch die stützt nur, wenn man leicht genug ist. Tagelang modellierte Hilde Domin neue poetische Bilder mit der Rose: *›die Rose als Balancierstab‹*, *›nichts als eine Rose‹*. Zufrieden machte sie sich schließlich mit *›auf eine Rose gestützt‹* am 12. März 1959 auf den Weg zu Hermann Hesse im nahegelegenen Montagnola.

Nur drei Tage, nachdem sie an Hesse geschrieben und ihm einige ihrer Gedichte beigelegt hatte, war ihr seine freundliche und persönliche Einladung zum Tee von der Postbotin Iris zu ihrem Domizil auf den Berg getragen worden. Hesses Werk war Hilde Domin seit Kindheitstagen vertraut: Seit sie zurückdenken konnte, war sie auf seine Bücher gestoßen. Im Bücherschrank ihrer Eltern hatten sie wohlsortiert im untersten Fach gestanden. Von Italien 1938 rührten die ersten persönlichen Kontakte zu Hesse, nachdem Erwin Walter Palm ihm kurz vor der Flucht aus Italien im Januar 1938 einige seiner Gedichte zugesandt hatte. Hesses Urteil über den jungen Dichter war mild gewesen: Er hatte die schönen Klänge gelobt, aber die Gefahr gesehen, dass die Bilder gerade deshalb litten. Auf den Antillen hatten Hilde und Erwin Walter Palm »Narziss und Goldmund« verschlungen, den Kontakt zu Hesse auch von dort aus gehalten. Hilde Domin hatte ihm 1952 Palms Prosastück »Theseus im Labyrinth« mit der Bitte zugesandt, es unter seine Fittiche zu nehmen. Das Foto mit seinem Portrait, das Hesse ihnen damals geschenkt und das sie all die Jahre durchs Exil begleitet hatte, befand sich auch in Astano wieder in ihrem Gepäck. Nun wollte sich Hilde Domin bei ihm Rat für den Titel ihres Buches einholen. Bange war ihr vor Hesses gefürchteter Besucherunlust. »Bitte keine Besuche« las man ein erstes Mal im Garten, *und noch ein zweites Mal, etwas diskreter, an dem Klosettfensterchen neben der Tür, durch die man eintritt – stand der Spruch über den alten Mann, der alles schon kennt und gesehen hat und auch weiss, wie du sein wirst, und dem du daher nichts Neues bringen kannst, sondern an dessen Haus du höflicherweise vorbeizugehen hast, als wohne niemand dort.* Hilde Domin gestand dem Ehepaar Hesse, dass dadurch die Freude über den Besuch, den sie ihr ermöglicht hatten, getrübt war: *wie wenn man ein Geschenk bekommt, an dem noch das Preisschildchen hängt, und man wird über der Freude das Schuldgefühl nicht los, wegen der Unkosten, die man verursacht hat.*

Vor Anspannung schien ihr die Luft zu knistern. Hesses Auftritt überraschte sie. Nicht nur, weil er viel jünger wirkte, als sie es sich vorgestellt hatte. Obwohl er ihr *ausgedörrt wie eine Grille oder ein bräunlicher Grashupfer* erschien, empfand sie ihn dennoch als quicklebendig. Sie zeigte sich besonders berührt davon, dass Hesse alle ihre bisherigen Adressenwechsel auf seinen Karteikärtchen sorgfältig vermerkt hatte. Topographie ihres Lebens. So stellte sich gleich Vertrautheit ein. Hermann Hesse erinnerte sich auch noch sehr genau an die eigenartig winzige Schrift Erwin Walter Palms, die ihm jedoch gut gefiel. Er nahm Hilde Domin ihre unbekümmerte Offenheit nicht übel, mit der sie auf die Schilder reagiert hatte, die unliebsame und allzu neugierige Besucher auf Distanz halten sollten. Bei Linzer Torte und Tee verbrachten sie einen anregenden Nachmittag. Hesses plauderten ungezwungen über ihre Freundschaften. Mit Adorno wollten sie den Sommer im Engadin verbringen. Man sprach über Leseleidenschaften. Hesses begeisterten sich für Enzensberger. Das schien Hilde Domin der geeignete Moment zu sein, um zu ihrem Buch überzuleiten und Hermann Hesse um sein Urteil über ihren Buchtitel zu bitten. »Auf eine Rose gestützt« empfand Hesse zunächst als zu *sophisticated* und erläuterte ihr auch seine anfangs unspezifizierten Bedenken. Er gestand, dass *ihm um die Rose bange sei, ob sie zerdrückt werden könne* – sodass auch Hilde Domin begann, sich um die *Rose zu ängstigen.*

Wie immer, wenn Hilde Domin bewegt war, hielt sie ihre Empfindungen gleich fest und notierte noch im Bus auf dem Nachhauseweg ihre Eindrücke jenes denkwürdigen Besuches.

Hilde Domin hatte sich Hesses Bedenken zu Herzen genommen. Zurück auf ihrer Wiese von Astano überdachte sie in Gesellschaft von vierundvierzig Maulwurfshügeln vor ihrer Hütte Hesses Argumente und fand schließlich zu dem schlüssigen Bild: *Nur eine Rose als Stütze. Man hat es nicht und hat es doch, was ja im Leben so schwer zu erreichen ist. Denn erstens hält sie den Kopf nach oben und tut es freiwillig, zweitens nimmt man es por supuesto nicht an, und drittens ist man immer noch in der prekären Lage nur eine Rose als Stütze zu haben.* [...] *Und niemand, der es wörtlich nimmt, kann mir vorwerfen, ich habe eine Rose zerdrückt.*

Den endgültigen Titel besiegelte sie mit ihrer Postkarte an Hermann Hesse vom 17.3.1959 – ihr erster Gedichtband würde für sie nun immer mit Hermann Hesse verknüpft sein.

Hilde Domin verteidigte diesen Titel so vehement gegen sämtliche Einwände und Alternativen der Lektoren des S. Fischer Verlags, dass die vor ihrer Beharrlichkeit kapitulierten. Mit »Nur eine Rose als Stütze« setzte sich mehr als ein Titel durch – die Lyrikerin Hilde Domin.

II

WAHL

Ein Mandelbaum sein
eine kleine Wolke
in Kopfhöhe über dem Boden
ganz hell
einmal im Jahr

Einer im kleinen Stoßtrupp
des Frühlings
keinem zu Leid als sich selber
im Glauben an einen blauen Tag
vor Kälte verbrennen

Ein kleiner Mandelbaum sein
am Südhang der Pyrenäen
oder im Rheintal
der bleibt und wächst
wo er gepflanzt ist

Aber entlang gehen
bei diesem Mandelbaum
oder ihn plötzlich sehn
wenn der Zug
aus dem Tunnel kommt

Lachen und Weinen und die unmögliche
Wahl haben
und nichts ganz recht tun
und nichts ganz verkehrt
und vielleicht alles verlieren

Doch mit Ja und Nein und Für-immer-vorbei
nicht müde werden
sondern dem Wunder
leise
wie einem Vogel,
die Hand hinhalten

Im Mai 1958 reiste Hilde Domin nach Köln. Sie wollte bei der Verkündung des Urteils über ihre Klage auf Wiedergutmachung und materielle Entschädigung als NS-Verfolgte dabei sein. Vieles wird Hilde Domin während ihrer Zugfahrt durch den Kopf gegangen sein. Köln, die magische Stadt, in der sie geboren und mit dem Urvertrauen ausgestattet worden war, das sie durch Exil und schwere Zeiten getragen hatte. Köln und Rhein – untrennbar mit Kindheit und Geborgenheit verflochten.

Sobald sich der Zug nach der letzten Schleife des Rheins der Domstadt näherte und die vertraute Silhouette auftauchte, wurde Hilde Domin unruhig: *Ich bin Kölnerin und deshalb regt es mich immer auf, wenn ich den Rhein überquere.* Stets wählte sie die linksrheinische Zugstrecke, und oft genug mussten später Tickets umgetauscht werden, wenn der Angestellte der Reiseagentur aus Rücksicht auf das Alter der betagten Dichterin eigenmächtig die kürzere rechtsrheinische Route reserviert hatte. Doch nur linker Hand reihten sich die Bilder der Kindheit wie an einer Perlenschnur auf. Die Burgen, die Vater Löwenstein bei Ausflügen auf die jeweiligen Festungen mit den dazugehörigen Anekdoten aufgezählt hatte – den Kindern Hilde und Hans waren sie unauslöschlich in das Gedächtnis geschrieben. Hilde Domin wusste, dass die Burgen »Katz« und »Maus« ihre Namensgebung dem schieren Übermut ihrer Besitzer, den Edelfreien von Katzenelnbogen, verdankten. Sie wusste um die Flucht des Rabbi Abraham, die Heinrich Heine in seinem Jugendwerk »Der Rabbi von Bacharach« problematisiert hat, sie kannte die

Sage, die sich um die Felsgruppe der Loreley zwischen St. Goar und Oberwesel rankte: Ihres Hochmuts wegen fristeten die »Sieben Jungfrauen« ein Leben als Stein.

Beim Anblick des Siebengebirges überlagerten düstere Erinnerungen das kindliche Vergnügen, auf dem Rücken von Mauleselchen den schroffen Drachenfelsen erklommen zu haben. In das Siebengebirge hatten sich Domins Eltern im Frühjahr 1933 geflüchtet, um der Kölner »Müllaktion« zu entgehen: Einen Tag nach der Ernennung von Adolf Hitler und Hermann Göring zu neuen Ehrenbürgern der Stadt Köln wurden am 31. März 1933 Kölner Anwälte und Ärzte im Gerichtsgebäude zusammengetrieben und unter dem Gejohle und Gespött des nationalsozialistischen Mobs auf Müllautos durch die Stadt gekarrt. Vater Löwenstein war diesem Akt der Erniedrigung damals entgangen. Freunde hatten ihn gewarnt, so dass er sich mit seiner Frau ins nahegelegene Siebengebirge geflüchtet hatte.

Von Köln aus hatte sich die junge Studentin Hilde Löwenstein am 25. Oktober 1932 in den frühen Morgenstunden zum Auslandsstudium nach Italien begeben. Erwartungsfroh und ohne zu ahnen, dass das der Beginn eines 22-jährigen Exils sein sollte. Verdammt zur Heimatlosigkeit. Wie entfremdet ihr Köln geworden war, zeigte sich, als Hilde Domin 1961 anlässlich ihrer ersten Lesung niemanden in der Geburtsstadt nennen konnte, den sie zu ihrer Veranstaltung hätte einladen können.

Im Mai 1958, auf dem Weg nach Köln, war Hilde Domin unterwegs im *Nirgendwo* – der gewählte Absender der Postkarte, die sie ihrem Mann von einem Zwischenstopp in Bonn schrieb, birgt ihre Klage über die Nichtsesshaftigkeit. *Wohnungslosigkeit eine der grossen Wunden des Lebens für mich* – auch ihre Freundin in New York wusste um diesen Jammer. Vage wie der Absender war der Ausgang des Prozesses, dessen Urteilsverkündung nun bevorstand.

Das Gedicht »Wahl« habe ich geschrieben, als der Zug bei Bingen aus dem Tunnel kam. Bei jeder Fahrt am Rhein entlang erinnerte sich Hilde Domin daran, als der Zug aus dem Dunkel des Tunnels wieder in das Grün der Landschaft tauchte. Die erblühende Natur war beglückend. Würde es immer sein. Hilde Domin konnte sich an der Schönheit der Natur regelrecht berauschen und Kümmernisse dann vergessen.

So nehmen die ersten vier Strophen des Gedichts das zarte Zagen des Frühlings auf und lassen das Dunkel der vielen Tunnel auf der Strecke hinter sich. Diese Strophen fügen sich harmonisch, leben von der Leichtigkeit der Naturbetrachtung, zehren ganz von den Bildern der Mandelbäume, die entlang des Rheins *in Kopfhöhe über dem Boden, ganz hell* zu schweben scheinen. Melancholie und Wehmut über Heimatlosigkeit tropft aus den Worten, mit denen sich das lyrische Ich nach Sesshaftigkeit sehnt: *Ein kleiner Mandelbaum sein / am Südhang der Pyrenäen / oder im Rheintal / der bleibt und wächst / wo er gepflanzt ist.* Tröstlich wäre schon, ein Spaziergänger sein zu dürfen, der bei diesen Mandelbäumchen entlanggeht, die unsteten Reisenden beobachtet und einfach nur registriert, *wenn der Zug / aus dem Tunnel kommt!* Das Ausrufezeichen in den ersten Fassungen der Manuskripte setzt einen markanten Schlusspunkt. Hier könnte das Gedicht enden. Als *Mandelgedicht* erwähnte es Hilde Domin im Brief an ihre amerikanische Freundin Edith. Doch da sie es für das *schwächste der Mandelgedichte* hielt, zögerte sie, es in ihren ersten Band aufzunehmen.

Im schweizerischen Astano, wo Domin die Gedichte für dieses Werk zusammenstellte, aber musste sie sich entscheiden.

Hatte sich seit jener Zugfahrt nach Köln im Jahr davor etwas verändert? Wieder war Frühling. Weiterhin war Hilde Domin die Reisende, die noch keine Wurzeln geschlagen hatte. Im Frühjahr 1959 aber war die Anfangseuphorie ihrer Zuneigung zu ihrem Verlagsleiter Rudolf Hirsch großer Ernüchterung gewichen. Hatte sie im Herbst 1957 auf dem Gipfel innigster Jungmädchenverliebtheit das Verhältnis zu Rudolf Hirsch noch als karriereförderlich empfunden, so zerrieb sie sich mittlerweile zwischen zwei Männern. Keinem wollte sie wehtun, keinem konnte sie sich vorbehaltlos zuwenden. Sie hatte die »unmögliche Wahl« *nichts ganz recht und nichts ganz verkehrt* zu tun *und vielleicht alles zu verlieren.* In ihren Briefen aus Astano weihte sie ihre enge Freundin Minne in dieses Dilemma ein, verwahrte sich aber gegen jegliche Einmischung. *Wenn Du mir keinen Rat geben kannst, gib mir keinen. Man macht so etwas auf jeden Fall verkehrt, mit und ohne Rat.* Der Wunsch, niemanden zu verstören, taugte nicht: *keinem zu Leid als sich selber / im Glauben an einen blauen Tag.* Ein eindeutiges »Ja« oder »Nein« zugunsten einer Entscheidung konnte sie nicht geben.

Die Bilder des *Mandelgedichtes* von der Zugfahrt 1958 hatten auch 1959 in der Schweiz Bestand. Die emotionale Verwirrung indes forderte die *unmögliche Wahl.* Ist im Gedicht ein Bruch zu erkennen? Die vielen Titelgestaltungsversuche und Hilde Domins Auskunft, dass »Wahl« die erste Fassung von »Nicht müde werden« ist, könnten ein Hinweis darauf sein, dass die letzten zwei Strophen im Nachhinein angefügt worden sind. Man denke an »Abel steh auf«, dessen letzte zwei Strophen auch später hinzugefügt wurden. Auch dort spürt der Leser die Kante.

Die neue Fassung von »Wahl« schickte Hilde Domin aus Astano als noch unveröffentlichtes Manuskript mit einer Widmung an Hermann Hesse. Sein Antwortschreiben eröffnete er mit den letzten Zeilen des Gedichts:

HOTEL WALDHAUS · SILS-MARIA (ENGADIN)

O. Kienberger, Tel. (082) 6 33 21 u. 6 33 31

Liebe Frau Palm
sondern dem Wunder
leise wie einem Vogel etc
Das hat mir sehr gefallen,und die andern Gedichte auch.Herzlichen Dank.

Als Hilde Domin die Auswahl für ihren ersten Gedichtband getroffen hatte, die überarbeiteten Manuskripte an den Verlag geschickt waren und sie sich ihren Titel »Nur eine Rose als Stütze« erkämpft hatte, machte sie sich auf den Weg nach Spanien. Sie reiste ihrem Mann hinterher, einmal mehr bereit, dem Wunder die Hand hinzuhalten.

Die letzten fünf Verse haben sich – möglicherweise durch Hermann Hesses Anstoß – zu einem eigenen Gedicht verselbstständigt: »Nicht müde werden«. Doch weder »Wahl« noch »Nicht müde werden« fanden Eingang in den ersten Gedichtband. Dabei bergen gerade diese letzten Zeilen das Geheimnis der Überlebenskunst der Dichterin Hilde Domin.

Nicht müde werden

Nicht müde werden
sondern dem Wunder
leise
wie einem Vogel
die Hand hinhalten.

Hilde Domin

ASTANO

1959

Die Heiligen – Unaufhaltsam

Der erste Gedichtband »Nur eine Rose als Stütze« wurde arrangiert.

Wie ermüdend, Jahr um Jahr – *wie in einem Ziehbrunnen, in dem wir uns drehn wie in einem Gefängnis* – immer wieder dieselbe traurige Bilanz ziehen zu müssen: Enttäuschung beruflich und privat. Nach wie vor schleppte Hilde Domin schwer an ihrem seelischen Gepäck. Die vierzehn Jahre Exil zerrten immer noch an ihr. Das Verhältnis zu ihrem Mann war weiterhin zerrüttet, denn Erwin Walter Palm widersetzte sich immer noch den schriftstellerischen Ambitionen seiner Frau. Neu hinzugekommen war eine enttäuschte Liebe. Deshalb suchte Hilde Domin nach den aufreibenden Auseinandersetzungen der vergangenen Monate für die Auswahl und Zusammenstellung ihrer Gedichte Ruhe und Distanz zu Männern und Verlag. In der selbstverordneten Klausur im Tessin wollte sie ihre Werke sortieren, alte Manuskripte überarbeiten und verjüngen. Wenn Vieles auch vage blieb, eines war unumstößlich: Sie würde nicht mehr in die einmal *abgeworfenen Schalen* zurückkriechen.

Das 638 Meter hoch gelegene Astano im Malcantone, nahe der italienischen Grenze, eingebettet in die Tessiner Bergwelt, umgeben von Wiesen mit Wildblumen und Kastanienwäldern, hielt alles bereit, um ein tröstliches Refugium für eine Seele in Aufruhr zu sein. Doch Tristesse und Wehmut konnte Hilde Domin nicht ablegen. Das war den alten Gedichten und den Eindrücken der Natur geschuldet, die die quälende Zeit von 1952 und 1953 in Haiti und Vinalhaven aus der Erinnerung in die Gegenwart holten. Die Naturbeschreibungen aus Hilde Domins Briefen von 1952 aus dem abgeschiedenen Kenscoff in den Bergen von Haiti oder im einsamen nur vom Wasser umschlossenen amerikanischen Vinalhaven ähneln sehr ihren Impressionen aus Astano – mit nicht erfüllter Liebe und Enttäuschung verknüpfte Orte, so dass die Natur nicht nur erbaute, sondern auch an die *vielen Arten Tränen, die es gekostet hat, wie an verschiedene Blumensorten* erinnerte.

»Casa Martha« hieß das kleine Ferienhaus, in das sich Hilde Domin für vier Monate zurückgezogen hatte. Es lag weit oberhalb des Dreihundert-Seelen-Ortes und war auf unbefestigten, vom Winter weichen und tiefen Wegen selbst zu Fuß nur schwer erreichbar. Außerdem war es kalt, unbeheizt und spartanisch möbliert: ein *winziges Wohnzimmer mit einem grossen Tisch, einer Couch, einem Liegestuhl und zwei Stühlen. Auf dem einen sitz ich, auf dem andern stehen, in einer alten Chiantiflasche, drei gelbe Rosen, die ich aus Luino mitgebracht habe* [...] *eine weisse Hyazinthe (morgens küsse ich Rosen und die Hyazinthe, wo ich so allein bin.*) Das Schlafzimmer war ausgestattet *mit Möbeln im Dienstmädchengeschmack.* Doch im Grunde entsprach es dem Zimmermodell der Palms. Sie verlangten nach Bett, Tisch und Stuhl, die *Sonne als Einrichtungsgegenstand* war existenzieller als Luxusmöbel, Bücher aber so unerlässlich wie Nahrung. Als Gesellschafter diente Hilde Domin in Astano einzig der löwenartig anmutende Gasofen – den sie in ihr Gedicht »Abzählen der Regentropfenschnur« aufnahm: »[...] *und den Ofen mit löwenfarbener Mähne, / der atmet wie ein Tier / oder ein Mitmensch.*« Und führte ihr der leere zweite Stuhl ihr Einsiedlerdasein gar zu sehr vor Augen, so besetzte sie ihn mit einer Chiantiflasche, in die sie Rosen stellte.

Bis ins hohe Alter reiste Hilde Domin nie ohne das abgewetzte braune Lederetui, in dem sie die Fotografien von Erwin, ihren Eltern und ihrem Bruder aufbewahrte. Auch in Astano gaben die Portraits der Eltern und von Erwin Halt. Doch neu hinzugekommen war diesmal die Postkarte mit dem Bild des Johannes von Rembrandt, das sie im Museum zu Aschaffenburg entdeckt hatte. Die Ähnlichkeit zu Rudolf Hirsch war frappierend. Im Sommer zuvor hatte die Entdeckung des Gemäldes und anschließend der Kauf der Postkarten zu einem Streit zwischen Domin und ihrem Mann geführt.

Auch wenn Hilde Domin in ihren Briefen aus Astano den idyllischen Ort idealisierte, er musste bittere Erinnerungen wachgerufen haben: Gab die Wiese auch ein herrliches Panorama frei, erglühte der Lago Maggiore in der Abendsonne vor dem bizarren Schneegebirge, so liegt Astano eben nur einen Katzensprung entfernt von dem kleinen Grenzort Ponte Tresa. Der war 1938 zum Schicksalsort für Hilde und Erwin Walter Palm geworden: Am 25. September 1938 hatten die beiden jüdischen Studenten Hilde und Erwin zum ersten Mal vergeblich versucht, über die kleine Brücke, die den Fluss Tresa überspannt und den Grenzort in einen Schweizer und einen italienischen Teil zerschneidet, ins rettende Tessin zu entkommen. Die Brücke war endgültig eine unüberwindbare Barriere, als sie im März 1939 einen zweiten Fluchtversuch wagten. Da genügte allein der flüchtige Blick der Grenzposten in ihre Pässe, um die Passage zu verweigern. Die Schweiz hatte Italien veranlasst, zur schnelleren Erkenntlichkeit von Flüchtlingen in den Papieren ein großes »J« für »Jude« eintragen zu lassen.

Zwanzig Jahre später rang Hilde Domin auf dem kleinen Hügel vor ihrer Hütte in Astano wieder. Diesmal mit Einsichten und Erkenntnissen. Diesmal endeten sie positiv. Domin vollendete ihren ersten Gedichtband. Sie fand zu sich selbst. Alles sehr österlich, alles sehr belastend, alles sehr erlösend.

12

DIE HEILIGEN

Die Heiligen in den Kapellen
wollen begraben werden, ganz nackt,
in Särgen aus Kistenholz
und wo niemand sie findet:
in einem Weizenfeld
oder bei einem Apfelbaum,
dem sie blühen helfen
als ein Krumen Erde.
Die reichen Gewänder, das Gold und die Perlen,
alle Geschenke der fordernden Geber,
lassen sie in den Sakristeien,
das Los, das verlieren wird, unter dem Sockel.
Sie wollen ihre Schädel und Finger einsammeln
und aus den Glaskästen nehmen
und sie von den Papierrosen ohne Herbst
und den gefassten Steinen
zu den welken Blumenblättern bringen
und zu den Kieseln am Fluß.

Sie verstehen zu leiden,
das haben sie bewiesen.
Sie haben für einen Augenblick
ihr eigenes Schwergewicht überwunden.
Das Leid trieb sie hoch,
als ihr Herz den Körper verzehrte.
Sie stiegen wie Ballons, federleicht,
und lagen in der Schwebe auf ihrem wehen Atem
als sei er eine Pritsche.
Deshalb lächeln sie jetzt,

wenn sie an Feiertagen
auf schweren geschmückten Podesten
auf den Schultern von achtzig Gläubigen
(denen man das Brot zur Stärkung voranträgt)
in Baumhöhe durch die Straßen ziehn.

Doch sie sind müde,
auf den Podesten zu stehn
und uns anzuhören.
Sie sind wund vom Willen zu helfen,
wund, Rammbock vor dem Beter zu sein,
der erschrickt
wenn das Gebet ihm gewährt wird,
weil Annehmen
so viel schwerer ist als Bitten
und weil jeder die Gabe nur sieht
die auf dem erwarteten Teller gereicht wird.
Weil jeder doch immer von Neuem
in den eigenen Schatten tritt,
der ihn schmerzt.
Sie sehen den unsichtbaren Kreis
um den Ziehbrunnen,
in dem wir uns drehn
wie in einem Gefängnis.
Jeder will den Quell
in dem eigenen Grundstück,
keiner mag in den Wald gehn.
Der Bruder wird nie
das Feuer wie Abel richten
und doch immer gekränkt sein.

Sie sehen uns wieder und wieder
aneinander vorbeigehn
die Minute versäumend.
Wir halten die Augen gesenkt.
Wir hören den Ruf,

aber wir heben sie nicht.
Erst danach.
Es macht müde zu sehn
wie wir uns umdrehn
und weinen.
Immer wieder
uns umdrehn und weinen.
Und die Bitten zu hören
um das Gestern Gewährte.
Nachts wenn wir nicht schlafen können
in den Betten, in die wir uns legen.
Sie sind müde
Vikare des Unmöglichen auf Erden
zu sein, des gestern Möglichen.
Sie möchten Brennholz
in einem Herdfeuer sein
und die Milch der Kinder wärmen
wie der silberne Stamm einer Ulme.
Sie sind müde, aber sie bleiben,
der Kinder wegen.
Sie behalten den goldenen Reif auf dem Kopf,
den goldenen Reif,
der wichtiger ist als die Milch.
Denn wir essen Brot,
aber wir leben vom Glanz.
Wenn die Lichter angehn
vor dem Gold,
zerlaufen die Herzen der Kinder
und beginnen zu leuchten
vor den Altären.
Und darum gehen sie nicht:
damit es eine Tür gibt,
eine schwere Tür
für Kinderhände,
hinter der das Wunder
angefaßt werden kann.

Als am Ostersonntag die Kirchenglocken aus dem Tal die feierliche Stimmung bis zu Hilde Domins Hütte emportrugen, brachten sie vergessen geglaubte Bilder und biblische Motive zum Klingen. Hilde Domin holte ihr Gedichtfragment aus Spanien von 1956 und die 1957 weiterverarbeiteten Skizzen über die berühmte Karfreitagsprozession in Málaga hervor. Sie hatte Ostern 1956 noch im Bus auf der Rückfahrt ihre Eindrücke festgehalten. Im Oktober 1957 hatte sie diese Aufzeichnungen schon einmal hervorgeholt: *Gestern wieder zum erstenmal das Heiligengedicht angesehen. Es ist mir noch sehr nah und regt mich auf – und doch so weit weg,* schrieb sie ihrem Mann und fühlte sich nicht dazu motiviert, an dem Gedicht weiterzuarbeiten: *Man kann da nichts tun, als es liegen lassen.*

Die opulenten Prozessionen der »Semana Santa«, der Karwoche, bilden den Höhepunkt der österlichen Feierlichkeiten in Andalusien. Von dumpfen Klagelauten begleitet und im dramatischen Wiegeschritt ziehen Bruderschaften und Legionäre durch die Straßen und tragen die »Pasos«, Schreine mit monumentalen Heiligenbildern, durch die Straßen. Oft auch, um die Buße zu erhöhen, auf ihren ausgestreckten Armen. Die Büßer haben entblößte Oberkörper, und obwohl manche dieser Schreine – wie man immer wieder berichtet – mehr als vier Tonnen wiegen, tragen die Legionäre sie mit scheinbarer Leichtigkeit, als ob sie für *einen Augenblick / ihr eigenes Schwergewicht überwunden* hätten. Unerlässlich sind die Reliquien, die bei Hilde Domin immer zwiespältiges Schaudern auslösten:

Sie wollen die Schädel und Finger einsammeln / und aus den Glaskästen nehmen / und […] *zu den Kieseln am Fluß bringen.*

Mit der Heiligenverehrung hatte sich Hilde Domin schon seit ihrer ersten Exilstation in Italien auseinandergesetzt. Die Jüdin konnte Mussolinis Anweisung überhaupt nicht nachvollziehen, dass in den italienischen Geschäften Bildnisse und Statuen der verehrten Muttergottes abgehängt wurden, weil

Maria doch eine Jüdin war. Gehören zu einer Heiligenverehrung nicht die bedingungslose Anerkennung und die zuverlässige Anrufbarkeit? Wie lässt sich damit vereinbaren, dass die Heiligen ihre Schutzbefohlenen leiden lassen und die erbetene Hilfe nicht gewähren?

In den Bergen von Santo Domingo hatten die archaischen Beschwörungsriten der Einheimischen auch Hilde Domins Ängste und ihre Ehrfurcht vor der Natur freigesetzt, nachdem das große Erdbeben von 1946 Verwüstungen und Schrecken hinterlassen hatte. Nacht für Nacht waren Prozessionen von Einwohnern zur einsam gelegenen Wallfahrtskirche gezogen. Die Pilger in ihren einfachen, ungefärbten Baumwollkitteln, den »Promesas«, mussten einen gespenstischen Anblick geboten haben, wenn sie mit ihren brennenden Holzscheiten betend vor den kleinen Erdhügeln niederknieten, die jeder Bewohner vor seiner Hütte angehäufelt hatte: kleine *Golgathas* mit einfachen Holzkreuzen. Der Schrecken des Bebens hatte die Bewohner aufgewühlt. Glaube und Aberglaube wetteiferten, wenn die Einheimischen in die klaffenden Risse, die das Beben geschaffen hatte, alles warfen, was die Götter besänftigen konnte. *Sie hätten alles hineingeworfen um die Heiligen zu zwingen den Abgrund zu schliessen. Alles. Jeden der zur Hand war.*

Den Bewohnern der dominikanischen Bergregion nicht unähnlich, füllte Hilde Domin in Astano die Gräben ihrer Einsamkeit mit eigenen Bildern aus der Vergangenheit und nahm in ihre Gedichte alles auf, dessen sie habhaft werden konnte. Den Müll entsorgte Hilde Domin in Astano im Wald, wo sie sich hinter einem alten Baumstamm ihre private Mülldeponie eingerichtet hatte. Mit schlechtem Gewissen und hadernd, dass man sich dem Luxus so leicht verschreibt. Entbehrungen und Überfluss reflektierte sie in Briefen an ihren Mann und gibt dieser Erkenntnis ganz konkret in dem Gedicht Raum.

Jeder will den Quell / in dem eigenen Grundstück, / keiner mag in den Wald gehen.

Möglicherweise fand so die Freude über ihr Los der Norddeutschen Klassenlotterie, mit dem sie in jenen Tagen zum ersten Mal 200 DM gewonnen hatte, auch ihre Nische.

alle Geschenke der fordernden Geber, / lassen sie in den Sakristeien, / das Los, das verlieren wird, unter dem Sockel.

Denn eine kindliche Annäherung an die Verehrung der Heiligen war Hilde Domin geblieben: Im unverdorbenen Staunen nur wird das Wunder begreifbar – im wörtlichen Sinne. Für Hilde Domin stand fest, dass die Heiligen bleiben, *der Kinder wegen. / Sie behalten den goldenen Reif auf dem Kopf, / den goldenen Reif, / der wichtiger ist als die Milch. / Denn wir essen Brot, / aber wir leben von Glanz.* Das Wunder muss sich immer wieder neu ereignen können, denn *vor dem Gold / zerlaufen die Herzen der Kinder / und beginnen zu leuchten / vor den Altären / und darum gehen sie nicht: / damit es eine Tür gibt, / eine schwere Tür / für Kinderhände, / hinter der das Wunder / angefaßt werden kann.*

Die religiöse Ehrfurcht, die diese Bilder bei Hilde Domin schon 1956 ausgelöst hatten, stellte sich auch am Ostersonntag 1959 wieder ein. Hatten die Prozessionen in Málaga theologische Reflexionen ausgelöst, so setzten die Manuskripte in Astano persönliche Erinnerungen frei. Schmerzend und nahezu unerträglich. Ihre Toten, die sie zu beklagen hatte und denen das Leben so wenig sanft begegnet war – kamen die nicht den Heiligen gleich? Sie hatte von Vater und Mutter Abschied nehmen müssen, doch es gab kein Grab, an das sie sich hätte *niedersetzen und anlehnen* können; der Wehmut darüber hatte sie schon 1955 in ihrem Gedicht »Ziehende Landschaft« Ausdruck verliehen. Ihr Bruder John Lorden hatte Vater und Mutter ohne Absprache mit der Schwester einäschern lassen und die Urnen heimlich unter einem Obstbaum auf Long Island begraben. Es war keine zeremonielle Beerdigung, sondern ein symbolischer Akt: Nahe dem Lieblingsplatz des Vaters, am Rande des Waldes, dessen Anblick den Eltern so tröstlich gewesen war, und oberhalb des blühenden Gartens gab der Sohn den toten Eltern die Freiheit zurück, die das Leben ihnen nicht zugestanden hatte.

Die Heiligen in den Kapellen
wollen begraben werden, ganz nackt,
in Särgen aus Kistenholz
und wo niemand sie findet:
in einem Weizenfeld
oder bei einem Apfelbaum
dem sie blühen helfen
als ein Krumen Erde.

Doch im Grunde war das Heiligengedicht für Hilde Domin nichts anderes als *die Klage über die Kinderlosigkeit,* die seit 1940 nicht verstummt war. Die Abtreibung von 1940 und die Fehlgeburt von 1952 blieben eine nie heilende Wunde.

Ihrer Freundin Minne Bodenhorst vertraute Hilde Domin ihre Selbstinterpretation an: »*Das Gedicht, weisst du, in dem die Heiligen Brennholz sein möchten, es ist, im Letzten, Letzten, sehr zugedeckt, die Klage um die Kinderlosigkeit. Die Heiligen wollen nicht vergöttert werden, wo sie doch nicht helfen können, sie wollen Brennholz sein um die Milch der Kinder zu wärmen. Worauf sie dann doch verzichten, weil die Kinder den Glanz brauchen, das Versprechen des Wunders.* [...] *Was ich meine ist dies: in jeder Krise des Lebens, dem was die Spanier la Hora de la Verdad, die Stunde der Wahrheit nennen, habe ich Kinder gewollt. Am verzweifeltsten nach Mutters Tod. Es ist das Natürliche. Er wollte ja nie. Nicht nur, weil wir arm waren. Sondern weil man dann das Altern fühlt. Man hat einen Masstab für die Jahre. Weil es wie ein Abdanken ist. Weil ein Sohn vielleicht tut was man hätte selber tun wollen (der Arme, nun tu ich es. Das was er hat tun wollen ...) Und auch, weil er mich nicht abtreten wollte an die Mutterschaft.*«

Auch die Bilder von Kain und Abel griff Hilde Domin wieder auf. Denn nach wie vor war auch dieser Konflikt ungelöst: Erwin Walter Palm verweigerte seiner Frau die Anerkennung als Schriftstellerin. Er hatte in Santo Domingo den Vergleich von Kain und Abel herangezogen und seinem Neid auf die Leichtigkeit ihres Schreibens Gestalt gegeben.

Weil jeder doch immer von Neuem / in den eigenen Schatten tritt, / der ihn schmerzt. / [...] / Der Bruder wird nie / das Feuer wie Abel richten / und doch immer gekränkt sein. / [...] / Sie sind müde, aber sie bleiben, / der Kinder wegen.

Hilde Domin packte alle Kümmernisse in dieses Gedicht und arbeitete kathartisch so auch gleich den nicht überwundenen Schmerz über den Tod ihrer Mutter ab. Mehr denn je war sie in jenen Tagen davon überzeugt, dass ihre Mutter *Selbstvernichtung im Dienste eines andern* betrieben hatte, um niemandem eine Last zu sein. Ob es ihre Mutter leid gewesen war, wie *Vikare des Unmöglichen auf Erden zu sein, des gestern Gewährten*? In der Einsamkeit von Astano schien es der Tochter angemessen, die Mutter auf ein Piedestal zu heben wie jene Märtyrer, die sich für ihren Glauben geopfert hatten. Die Parallele von der apotheotischen Wundertätigkeit der Mutter zu der eigenen, ihr vom Leben zugewiesenen Rolle war schnell gezogen. Sie selbst hatte in den vergangenen Jahren ihre Leidensfähigkeit zur Genüge bewiesen. In der gemeinsam verbrachten Zeit hatte sie Erwin Walter Palm ihren Beistand nie versagt. Sie hatte nahezu Wunder vollbracht, solange die Liebe ihr Antrieb war: In Italien durch Unterricht für den Lebensunterhalt gesorgt, durch ihr beherztes Engagement das Visum für Santo Domingo in England erwirkt, durch ihr resolutes Eingreifen die Abschiebung aus Jamaika verhindert, mit Bittgängen und Organisationstalent finanzielle Engpässe in der Dominikanischen Republik überwunden, Erwin Walter Palms Stipendium erreicht, die Einbürgerung nach New York ermöglicht – die Erwin dann zunichte gemacht hatte. Die Wunden über Erwin Walter Palms Affäre mit der Kubanerin Maria Luísa waren längst nicht vernarbt – die Rolle des Märtyrers ihr nicht fern.

Sie verstehen zu leiden, / das haben sie bewiesen.

War es nicht längst an der Zeit, die Rolle der Wundertäterin aufzugeben? *›Ich gebe mich geschlagen. Du siehst, ich reiche nicht hin, die Welt von dir abzuhalten. Ab heute musst du dein Teil an allem tragen.‹ Das verzieh er ihr nie. Jahrelang kam er über die Enttäuschung nicht hinweg, dass sie ihm damals die Spielregel aufgesagt hatte.* […] *Der Heilige, der das Wunder nicht liefert, auch nach Nötigung nicht liefert, ist für den Gläubigen nur noch ein Verräter. Überläufer zur Wirklichkeit. An die Wand mit ihm.«* Ein halbes Jahr nach ihrem Aufenthalt in Astano thematisierte Domin dieses Dilemma auch in ihrem Roman. Musste sie sich dafür tadeln, dass sie versucht hatte, Erwin Walter Palm *Schlösser sehen zu machen, wo Dörfer sind?* Im Exil in Santo Domingo war sie überzeugt gewesen, *das Reine und Göttliche* zu sein, ein Gefäß, aus dem sich schöpfen ließ, eine Flamme, die nährte. War es Eitelkeit oder Schuld, fragte sie sich nun, dass sie sich Palms unentwegten Forderungen nur deshalb nicht widersetzt hatte, weil er sie dafür auf ein Podest gehoben hatte? *Er gab mir, anstelle des Kindes, göttliche Ehren. Es war anstrengend aber schön, sie anzunehmen. Piedestal und Blumen* – sie ließ auch ihren Bruder John Lorden an ihren Selbsterkenntnissen Anteil nehmen. Doch nun war sie müde. Erschöpft. Müde wie die Heiligen.

Doch sie sind müde,
auf den Podesten zu stehn
und uns anzuhören.
Sie sind wund vom Willen zu helfen,
[…]
Sie sind müde
Vikare des Unmöglichen auf Erden
zu sein, des gestern Möglichen.

Sie war nicht länger in der Lage, aber auch nicht länger gewillt, Erwin Walter Palms Anspruch auf sie als Wundertäterin zu genügen.

Es macht müde zu sehn
wie wir uns umdrehn
und weinen.
Immer wieder
uns umdrehn und weinen.
Und die Bitten zu hören
um das gestern Gewährte.

Zum kreativen Schreiben fand Hilde Domin deshalb in Astano erst, nachdem sie ihrem Mann in einem langen Briefgespräch ihre Gedanken und Selbstvorwürfe auseinandergesetzt hatte, mit denen sie sich seit Jahren belastet hatte. Sie ging sogar noch einen Schritt weiter: Erwin Walter Palm hatte ihr den Glauben an ein Leben nach dem Tod genommen. Er hatte ihr die Hoffnung genommen, in ihren Kindern weiterleben zu können. Weiterleben wollte sie deshalb in ihren Gedichten. Schreiben war Atmen. Und dass er diesen Atem zu ersticken versuchte – das kam für sie dem Brudermord gleich.

der Bruder wird nie
das Feuer wie Abel richten
und doch immer gekränkt sein.

Den Brief an ihren Mann ließ Domin, ganz entgegen der ihr eigenen Impulsivität, zehn Tage ruhen. Dann erst schickte sie ihn nach Spanien ab. Dieser Brief enthält die Schlüsselerkenntnis für ihr Wirken als Dichterin. Sie hatte sich alle Last von der Seele geschrieben und war nun bereit für das »Wort«, das ihr heilig wurde. Mit dem sie leben und sterben wollte, solange es bei ihr blieb.

Hilde Domin verdankte ihr Überleben, dass sie nie im Schmerz verharrte; nach Wehmut und Klagen bahnte sich die Kraft für das »Dennoch« ihren Weg, weil sie die Fähigkeit besaß, selbst dem Elend noch Trost abzugewinnen. Neben Leiden und Dulden hatte sie bei den Prozessionen in Málaga Trost und Zuversicht in der Ergriffenheit und dem Glanz in den Augen der Kinder gesehen. An dieser Sehnsucht nach Hoffnung wollte auch sie festhalten. Denn nur deshalb bleiben die Heiligen. Und deshalb blieb Hilde Domin bei Erwin Walter Palm.

Und darum gehen sie nicht:
damit es eine Tür gibt,
eine schwere Tür
für Kinderhände, hinter der das Wunder
angefaßt werden kann.

Wir essen Brot, aber wir leben vom Glanz. Die Heiligen halten etwas wach, was ganz immateriell ist und nicht verloren gehen darf. Die Heiligen werden gebraucht, weil sie das personifizierte Wunder sind, das den Glanz greifbar macht.
Ihren Aufenthalt in Astano beendete Hilde Domin am 11. Mai 1959. Dann reiste sie Erwin Walter Palm nach Spanien hinterher.

Ihr Gedichtband war fertiggestellt. Einem Vermächtnis gleich, unterlegte sie ihn in Astano mit dem Motto, das der Schwere ihres Lebens immer Leichtigkeit entgegenzusetzen vermocht hatte: *Dando voy pasos perdidos / por tierra, que todo es aire* (Verlorene Schritte tu ich auf Erden, denn alles ist Luft). Lope de Vegas stellte sie dem ersten Teil ihres Gedichtbands voran. Doch im zweiten Teil trotzte sie ihm mit ihrem eigenen Motto: *Ich setzte den Fuss in die Luft, und sie trug.*

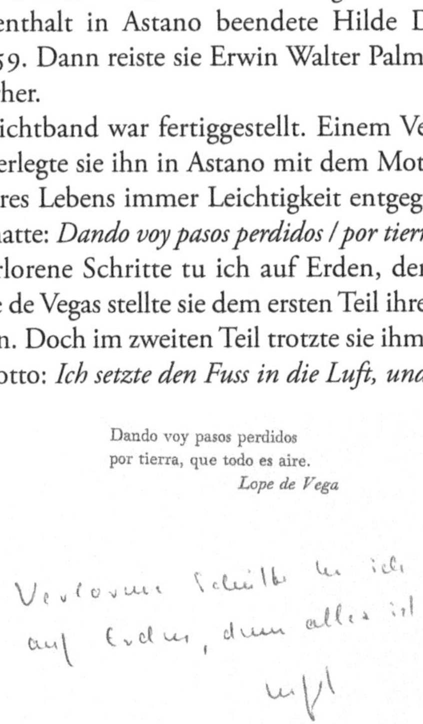
Dando voy pasos perdidos
por tierra, que todo es aire.
Lope de Vega

Verlorene Schritte tu ich
auf Erden, denn alles ist
Luft

13

UNAUFHALTSAM

Das eigene Wort,
wer holt es zurück,
das lebendige
eben noch ungesprochene
Wort?

Wo das Wort vorbeifliegt
verdorren die Gräser,
werden die Blätter gelb,
fällt Schnee.
Ein Vogel käme dir wieder.
Nicht dein Wort,
das eben noch ungesagte,
in deinen Mund.
Du schickst andere Worte
hinterdrein,
Worte mit bunten, weichen Federn.
Das Wort ist schneller,
das schwarze Wort.
Es kommt immer an,
es hört nicht auf, an-
zukommen.

Besser ein Messer als ein Wort.
Ein Messer kann stumpf sein.
Ein Messer trifft oft
am Herzen vorbei.
Nicht das Wort.

Am Ende ist das Wort,
immer
am Ende
das Wort.
Erster Titel: Unaufhaltsamer Flug noch mit
folgendem Zusatz:
[das Wort fliegt,
es kennt kein Zuhause,
keinen Herrn,
keine Rückkehr.]

Bestürzung steht am Anfang des Gedichts: *Wer holt es zurück, das lebendige eben noch ungesprochene Wort*? Scheinbar belanglos hingesagt, hatte ein Wort Hilde Domin erschüttert und verletzt. Der Schock saß tief. Deshalb richtet sich das lyrische Ich nach der fassungslosen rhetorischen Eröffnungsfrage unmittelbar an sein Gegenüber. Mensch und Wort treten in einen Dialog.

Ein Wort verletzt, ein Wort tötet. Beziehungen, Liebe, Menschen. Hilde Domin war der fatalen Macht des Wortes in ihrem Leben mehrfach ausgesetzt: »Jude« zum Beispiel – das Wort, das über Leben und Tod entschieden hatte, im Jahr 1938 gar auf einen Buchstaben reduziert, das »J« in ihrem Pass.

Ein Wort kann Ausgrenzung, Aussonderung und Tod provozieren. »Schibboleth«. Dieses hebräische Wort, so überliefert das biblische Buch der Richter (Kapitel 12, Vers 5), war ursprünglich als Codewort eingesetzt worden, das über Feind und Freund, Leben und Tod entschied. Zweiundvierzigtausend Flüchtlingen war das falsche Wort zum Verhängnis geworden, als die Gileaditer ihre Feinde an deren Aussprache eines Wortes festmachten: »Bist du ein Ephraimiter? Wenn er dann antwortete: Nein!, ließen sie ihn sprechen: Schibboleth. Sprach er aber Sibboleth, weil er's nicht richtig aussprechen konnte, dann ergriffen sie ihn und erschlugen ihn an den Furten des Jordan.«

An den Furten des Rio Massacre, der grünen Grenze zwischen Haiti und der Dominikanischen Republik, fielen im Oktober 1937 mehr als fünfundzwanzigtausend Haitianer einem blutigen Gemetzel zum Opfer. Wegen eines falsch gesprochenen Wortes. Hilde Domin wird um das verhängnisvolle Wort gewusst haben, das Tausenden den Tod gebracht hatte und ein besonders düsteres Beispiel eines Schibboleth ist. Den grausamen Genozid hatte der dominikanische Diktator Trujillo provoziert. Die Menschen im Westen der Insel waren dem Despoten verhasst. Haitianer waren von dunklerer Hautfarbe als die Dominikaner und Trujillo war besessen von der Vorstellung, sein Land »aufzuweißen«. Um die schwarzhäutigen Wirtschaftsflüchtlinge aus Haiti von der helleren dominikanischen Bevölkerung zu selektieren, hatte der Diktator einen perfiden »Sprachtest« anordnen lassen. Ein Wort entschied über Leben und Tod: Die Bewohner des Grenzdorfes Dajabon wurden zusammengetrieben und jeder einzelne gezwungen, das spanische Wort für Petersilie, auszusprechen. »Perejil«. Das gerollte »R« in »perejil« konnten die französischsprachigen, dunkelhäutigen Haitianer nur als »L« aussprechen. Wer also das Wort nicht spanisch artikulierte, wurde umgehend mit der Machete abgeschlachtet. Zwölf Jahre lang hatten Hilde Domin und ihr Ehemann Erwin Walter Palm unter der Herrschaft dieses Despoten im Exil zugebracht. Immer waren sie auf der Hut gewesen, nicht unbedachte Worte zu verlieren. Denn Trujillo *war ein furchtbarer Lebensretter. Man konnte ihm nicht dankbar sein. Man konnte ihm nicht nicht dankbar sein.* Hilde Domin konnte den Diktator nicht in Schutz nehmen, doch den jüdischen vom Nazi-Terror bedrohten Flüchtlingen hatte er in Zeiten größter Bedrängnis immerhin eine Küste zum Landen geboten. Und das war damals viel.

Im Sommer 1958 war wieder ein fatales Wort auf den Weg geschickt worden. Nicht mit tödlichen Konsequenzen, doch schicksalsweisend für eine Beziehung.

Im August 1957 hatte das Verhältnis zwischen Rudolf Hirsch und Hilde Domin noch seine unbeschwerte Hoch-Zeit erlebt. Sowohl privat als auch beruflich. Doch beide kasteiten sich mit ihrer Enthaltsamkeit, verzehrten sich in Sehnsucht nach Zuwendung, die sie gleichzeitig einander versagten. Rudolf Hirsch schien verärgert. Er warf Hilde Domin vor, Hoffnungen geweckt zu haben und verglich ihre mageren Gunstbezeugungen mit »Giesskannen, die die welken Blumen aufleben lassen, um sie dann umso ärger vertrocknen zu lassen«. Obendrein warf er ihr einen Mangel an Mut vor. Ihre erotische Zurückhaltung strafte er schließlich mit Nichtbeachtung. Hilde Domin flüchtete – wie immer in seelischer Not – in das Wort. Sie schrieb Gedichte. Rudolf Hirsch hatte Macht über das Wort. Er veröffentlichte ihre Gedichte nicht. Sie waren ihm zu intim. Obwohl beide bald vermieden, sich alleine zu treffen, hatte im Sommer 1958 ein Gespräch unter vier Augen stattgefunden, das nach gegenseitigen Vorwürfen eskalierte. Rudolf Hirsch beendete diese Unterredung, indem er den Lektor telefonisch herbeizitierte und ihn bat, »Frau Dr. Palm« nach draußen zu geleiten. »Frau Dr. Palm« – konnte das ein Grund sein, außer sich zu geraten? Es war nicht der sanfte Rausschmiss, der Hilde Domin empörte, sondern die Art und Weise, wie Hirsch sie vor einem Dritten genannt hatte. Nie hatte er so von ihr gesprochen. »Frau Dr. Palm«. Schibboleth. Für Hirsch war sie von Anfang an ›Hilde Domin‹ gewesen: Die Dichterin, die er anerkannte, deren Verse ihn beeindruckt und berührt hatten. »Frau Dr. Palm« reduzierte sie darauf, Ehefrau von Erwin Walter Palm zu sein. Damit stieß er sie vom Piedestal, auf das er sie in Anerkennung ihrer Gedichte einst erhoben hatte. Rudolf Hirschs Worte hatten Hilde Domins verletzlichste Stelle getroffen. *Das Wort ist schneller, / das schwarze Wort.*

Hatte Hilde Domin überreagiert? Rudolf Hirsch verwendete seine Worte nie willkürlich. Ihm wurde ein außerordentlich großes Sprachgefühl nachgesagt. Man rühmte bei

Festreden den Stilisten, der sich selbst jedoch fast asketisch dem geschriebenen Wort versagte. Pries man seine Sprachbrillanz, so erwähnte man im selben Atemzug, dass ihm boshafte Formulierungen oder pointierte Verkürzungen zur Schadenfreude nicht fremd seien. Sein Wort traf so, wie es ein Weggefährte des S. Fischer Verlags in einer Festschrift für Rudolf Hirsch formulierte, *die Pointe, wirklich eine so fein wie scharf geschliffene Spitze,* [...] *Ein Wort, hochgeworfen wie der Ball des Jongleurs – und eine Sache ist erledigt.*

Die Affäre war erledigt. Hilde Domin folgte dem Lektor in sein Büro. Vor ihm bewahrte sie Haltung. Noch während sie mit ihm einen neuen Vertrag besprach, rief Rudolf Hirsch an. Man solle Hilde Domin mit Kaffee und Saft verwöhnen. Außerdem wünschte er, dass jeder ihrer Wünsche in dem neuen Vertrag berücksichtigt werde: Er *schickte andere Worte / hinterdrein, / Worte mit bunten, weichen Federn.* Doch auf Süßholzraspeln hatte Hilde Domin nie etwas gegeben.

Das Bild des Wortes als verletzendes Stilett ist bekannt. Als Titel hatte es Hans Bender, der Mitherausgeber der Zeitschrift »Akzente«, in der Domins Gedichte anfangs erschienen waren, in seiner Anthologie eingesetzt: »Mein Gedicht ist mein Messer.« Kafka wusste um die spaltende Kraft des Wortes und sah in ihm *die Axt für das gefrorene Meer* im Menschen. Hilde Domin sprach in ihrem Gedicht »Unaufhaltsam« dem Wort sogar noch mehr Schärfe zu als dem Messer: *Ein Messer kann stumpf sein. / Ein Messer trifft oft / am Herzen vorbei.* Doch *Nicht dein Wort, / das eben noch ungesagte, / in deinem Mund.*

Wenn Menschen sich voneinander verabschieden, so lassen sie dem Gegenüber das zuletzt gesprochene Wort zurück. Rudolf Hirsch hatte Hilde Domin mit einer Verletzung zurückgelassen. *Am Ende ist das Wort.*

Im Anfang war das Wort. Die Beziehung von Hilde Domin und Rudolf Hirsch war aus dem Wort erwachsen und durch das Wort verbunden. Eine Gedichtzeile – *als seien wir zu Hirten der Wolkenschafe bestellt* – hatte Rudolf Hirsch für Hilde Domin eingenommen. Über die Jungfräulichkeit dieser Worte waren sie sich nähergekommen. Nun hatten die Worte ihre Unschuld verloren, waren schwarz geworden. Wenig später schon begannen die frischen Gräser, die Domin auf ihren Dichterpfaden sehen wollte, tatsächlich zu verdorren. Rudolf Hirsch veröffentlichte ihre Gedichte nicht und kontrollierte bald jegliches Wort zwischen Verlag und Autorin. Er lehnte weiterhin die Veröffentlichung von Hilde Domins autobiografischem Roman »Das zweite Paradies« ab. Hilde Domin fühlte sich in den frühen Sechzigerjahren vom Verlag vernachlässigt. Sie klagte, dass sie am *Katzentisch* sitze, während andere Autoren sich zu Hause fühlen durften.

Im Anfang war das Wort. So beginnt das Evangelium des Johannes. Hilde Domin hat die Worte ihrer Gedichte aus anderen Quellen nie beiläufig entlehnt. Die Bibel war ihr vertraut. Die Gestalt des Johannes im Besonderen. In »Das Zweite Paradies« trifft die Protagonistin (Hilde Domin) in einer staatlichen Gemäldesammlung (Aschaffenburg) auf das Bildnis des Evangelisten Johannes aus der Rembrandt-Schule. Nicht nur sie erkannte darin Rudolf Hirschs *schmerzliche Augen.* Auch Erwin Walter Palm verleugnete die Ähnlichkeit nicht, seine Frau aber verglich jede Nuance des Gemäldes mit Rudolf Hirsch.

Seine Lippen waren jetzt schmäler als auf dem Bild. [...] *Und das Haar ist natürlich verschieden. Seines ist meistens so unordentlich. Immer wollte ich ihn kämmen. Dafür hat er schönere Hände. Diese sind viel zu grob.*
Johannes der Täufer gilt als biblische Lichtgestalt, von dem ein Licht ausging, das die Menschen erleuchtete. Hilde Domin betonte bei Beschreibungen Rudolf Hirschs seine Fähigkeit zur Verklärung, wenn sich sein Leuchten über sein Gesicht lege. Gerade das Immaterielle ihrer Beziehung hatte sie anfangs für ihn eingenommen. Hirschs *schwarzes* Wort hatte das Leuchten ausgelöscht.

In seinem ersten Schreiben an die Lyrikerin hatte der Verlagsleiter den »sicheren Flug« ihrer Worte gerühmt – den hatte er nun beendet, jedenfalls vorerst. »Unaufhaltsamer Flug« hatte Domin zuerst als Titel für ihr Gedicht gewählt. Klingt darin nicht ein trotziges »Dennoch« an? Denn als unaufhaltsam sollten sich Hilde Domins Worte erweisen. Auch ihre Worte trafen. In das Herz ihrer Leser, die Domins Gedichte sich zu eigen machten; die aus der unspezifischen Genauigkeit ihrer Worte die allgemeingültige Erfahrung lasen und Hilde Domins Gedichte zum magischen Gebrauchsgegenstand werden ließen – der er schon im Moment seiner Entstehung gewesen war. Hilde Domin hatte darauf vertraut, dass ihr Wort überleben wird. Denn: *Am Ende ist das Wort, / immer / am Ende / das Wort.*

SPANIEN

1959 bis 1961

April – Pícara – Abel steh auf

Unfreiwillig und nur der Not gehorchend hatten sich Hilde Domin und Erwin Walter Palm von 1959 bis 1961 auf einen zweiten Spanienaufenthalt eingelassen, nachdem Palms Bemühungen, in Deutschland an einer Universität Anstellung zu finden, ins Leere gelaufen waren. Nun sollte wieder ein Forschungsstipendium über den Misserfolg hinwegtrösten. Zwar gaukelten auch im Frühsommer 1959 wieder Schmetterlinge über die Thymianhügel der Sierra, doch die glücklichen Tage, die das Paar 1956 in Aranjuez verbracht hatte, ließen sich nicht noch einmal heraufbeschwören. Selbst der Anblick der eindrucksvollen Gebirgskette der Sierra de Guadarrama, der üppigen Ulmenwälder und der Heide- und Steppenlandschaften lösten nicht die erhoffte Leichtigkeit und schon gar keine Euphorie aus.

»Nur eine Rose als Stütze« war endlich gedruckt und Domin im September 1959 nach Madrid nachgeschickt worden. Ein zwei Jahre lang gehegter Wunsch hatte sich erfüllt. Zwei bittere, belastende Jahre. Hilde Domin hatte es sich deshalb nicht nehmen lassen, das Paket eigenhändig am Madrider Flughafen in Empfang zu nehmen.

Hatten sich die Palms auch wieder gemeinsam auf den Weg nach Spanien gemacht, so war ihr Grundkonflikt nicht aus dem Weg geräumt. Dass sich Hilde Domin konsequent zur »escritoria de cierte importancia« weiterentwickelte, entfachte das Feuer der Eifersucht stets aufs Neue. Schrieb sie Eigenes, schmollte ihr Mann im Nebenzimmer, schrieb sie für ihn, herrschte Frieden.

Zu lange hatte Hilde Domin ihre eigenen Bedürfnisse hintangestellt: Seit sie als Juden durch die italienischen Rassegesetze aus dem Land der Antike vertrieben wurden, dem Erwin Walter Palms Sehnen und Streben galt. Auch auf der zweiten Exilstation in England hatte sie nach besten Kräften versucht, die Wirklichkeit zu transzendieren. Vor allem, solange die Hoffnung nicht erloschen war, in Europa zu bleiben. Hilflos und wohl voraussehend, dass der Heilige, der das versprochene Wunder nicht liefert, als Verräter eingestuft wird. *Du siehst, ich reiche nicht hin, die Welt von dir abzuhalten. Ab heute musst du dein Teil an allem tragen.* Palm widersetzte sich mit kindlichem Trotz. Hatte nicht auch er schon von zu vielen Idealen lassen müssen? Nur der Not gehorchend hatte er sich in Santo Domingo der Kolonialarchitektur zugewandt. Seine epigonale Dichtkunst hatte sich seitdem nicht weiterentwickelt. Dass er sich als Vermittler spanischer und lateinamerikanischer Lyrik mit dem 1955 erschienenen Übersetzungsband »Rose aus Asche« einem Lesepublikum bekannt gemacht hatte, taugte nicht als Trost. Einmal, weil er um den verschwiegenen Anteil seiner Frau wusste, zum Anderen, weil Übersetzen in seinen Augen Nachdichtung blieb, die dem eigenen Schöpfungsprozess nicht das Wasser reichen konnte. Selbstzweifel lähmten deshalb immer wieder seine schriftstellerische Tätigkeit. Vernichtende Urteile, wie zum Beispiel das von Thomas Mann, hatten ihn schon lange vorher entmutigt: »Ich kann wohl sagen, dass ich mich redlich um diese Gebilde bemüht habe aber es ist mir nicht gelungen, in ein Vertrauensverhältnis dazu zu gelangen, für das ich laut zu zeugen wagen möchte [...] gewiss, eine dichterische Gebärde ist da, aber oft scheint sie mir zu misslingen, daneben zu gehen.«

Unter diesen Bedingungen konnte der zweite Spanienaufenthalt wenig dazu geeignet sein, die Kluft zwischen Hilde Domin und ihrem Mann zu überbrücken. Erwin Walter Palm bereiste deshalb Alicante, Porto, León und Santiago ohne seine Frau – wie er es schriftlich angekündigt hatte. Nach Madrid zurückgekehrt, bezog er eine kleine Wohnung direkt hinter dem Prado.

Als *Überläufer der Wirklichkeit* empfand sich Hilde Domin in ihrer damaligen Situation. Nicht nur, weil sie nicht von ihrer schriftstellerischen Tätigkeit lassen wollte, sondern weil sie auch dort Neuland beackerte: Sie hatte sich der Prosa zugewandt – ihr Mann drohte ihr dafür sogar Prügel an, denn erneut drang sie damit auf sein Terrain vor. Hilde Domin hatte Essays verfasst und fügte sie wie Segmente zu einem

Roman – zu einem Kaleidoskop nahezu aller seelischen Verletzungen seit 1939. Wieder zeugten Manuskripte und Briefe, überwiegend aus der Zeit des Exils in der Dominikanischen Republik, vom Schmerz und den Enttäuschungen der Vergangenheit. Das Leben hält den Stoff für Romane bereit. Und deshalb entlieh Hilde Domin nicht nur die Namen ihrer Protagonisten dem wirklichen Leben: Constantin – wie Erwin Walter Palms erstes Pseudonym, Wolfgang – wie Rudolf Hirschs Bruder. Sie arbeitete wie besessen an diesem Roman, den sie vor ihrer Rückkehr nach Deutschland beenden wollte. Sollte die verbleibende Zeit nicht ausreichen, so erwog Hilde Domin, ihre Zeit in Spanien ohne ihren Mann zu verlängern. Denn zum Wintersemester 1960 sollte Erwin Walter Palms Bemühen um einen Lehrauftrag endlich belohnt werden. Die Möglichkeit des Getrenntlebens hatte das Paar immer wieder erörtert. Hilde Domin liebäugelte mit einer Art Arbeitsklause am Mittelmeer und drängte deshalb auf Veröffentlichungen bei S. Fischer, damit sie dort verdientes Geld in ihr neues Projekt investieren konnte. Der Wunsch nach einer festen Bleibe war ihr ernst und schien ihr vorerst nur in Spanien realisierbar – die Franko-Diktatur ausblendend. Sie bereiste von Juni bis August 1960 die Nordküste, um eine geeignete Immobilie zu finden – doch was ihr gefiel, war nicht zu verkaufen. Unverrichteter Dinge kehrte sie in ihr Domizil in den Bergen zurück.

Auch Erwin Walter Palm hatte sich in jenen Tagen aufgemacht. Nicht als Dichter, sondern als Wissenschaftlicher Rat an der Heidelberger Universität. Man hatte eine KW-Professur geschaffen: Das bedeutet im universitären Stellenplan »kann wegfallen«, sobald der Geförderte eine dauerhafte Professur erhält oder aus Altersgründen ausscheidet. In den Fünfzigerjahren wurde in diesem Zusammenhang auch von »Wiedergutmachungsprofessur« gesprochen. Die Träger litten unter dieser Bezeichnung.

Nicht nur deshalb hielt sich Palms Euphorie in Grenzen. Der Besuch bei seiner Frau in den Bergen endete im Streit:

Sie zeigte sich spröde, war nicht länger bereit, ihm zu Willen zu sein, wenn der *Körper unlustig und die Seele traurig* war. Obendrein beharrte sie erneut auf mehr Freiraum für eigenes Arbeiten. Keiner von beiden bewegte sich von seiner Position weg. Palm reiste verstimmt nach Heidelberg ab.

Nach der Abreise ihres Mannes stürzte sich Hilde Domin mit Verve in ihre Arbeit. Ohne Störung von außen kam sie gut voran.

14

APRIL

Die Welt riecht süß
nach Gestern.
Düfte sind dauerhaft.

Du öffnest das Fenster.
Alle Frühlinge
kommen herein mit diesem.

Frühling der mehr ist
als grüne Blätter.
Ein Kuß birgt alle Küsse.

Immer dieser glänzend glatte
Himmel über der Stadt,
in den die Straßen fließen.

Du weißt, der Winter
und der Schmerz
sind nichts, was umbringt.

Die Luft riecht heute süß
nach Gestern –
das süß nach Heute roch.

Schwebend leicht scheint der Madrider April daherzukommen. Süße Düfte lullen ein. Eduard Mörikes blaue Frühlingsbänder winden sich durch Hilde Domins Worte: *Süsse, wohlbekannte Düfte Streifen ahnungsvoll das Land.* Schon möchte man sich im leichten Frühlingstakt wiegen, schon wendet man sich dem geöffneten Fenster erwartungsvoll zu: *Alle Frühlinge kommen herein mit diesem*? Was verheißt der Frühling, *der mehr ist als grüne Blätter*? Die Antwort ernüchtert. Bitteres tropft ins Süße. Der Auftakt der Jahreszeiten verspricht keine hoffnungsfrohe Erneuerung, sondern kündet von abgeklärter Wiederholung. *Ein Kuß birgt alle Küsse.*

Im leidvollen Gestern des Exils hatten sich die Palms an der Hoffnung auf die Süße der Zukunft berauscht. Doch die Zukunft von gestern ist nicht unser Heute. Wenig von der Süße hatten sie in die Gegenwart gerettet. Unbeschwert konnte Erwin Walter Palm dem Leben nur solange etwas abgewinnen, solange seine Frau ihm uneigennützig zur Seite stand: als *achtarmige Hasengöttin* ihm zu Diensten. Dabei klammerte er sich kindlich an das Versprechen, das Hilde Domin ihm zur Weihnachtszeit 1931 als junge Studentin gegeben hatte: *Meine Seele wird immer für Dich da sein.* [...] *Wenn du aber, was ich Dir biete und ich biete es Dir von Herzen, nicht annehmen kannst oder willst* – [...] *dann wünsche ich Dir, dass Du nicht weiter Schmerzen habest und dass Du mich vergisst.* [...] *so will ich Dir versichern, dass wann immer* [...] *Du mich brauchtest – oder auch nur irgendeine Frau, die Dir helfe – ich da sein will, und ebenso wieder verschwinden werde ohne den geringsten Dank zu verlangen – ich werde Dir meine Freundschaft bewahren.*

Versagte Palm, dann lastete er sein Misslingen seiner Frau an und beschwor die Vergangenheit: Könnte man zurückkehren zu den Anfängen ihrer Beziehung – seine Kreativität würde sich wieder einstellen, alles würde sich zum Guten wenden. *Die Welt riecht süß nach Gestern.* Palm hatte seine Bedingung für ein konfliktfreies Zusammenleben deutlich definiert: Er suchte nicht die Neuorientierung, um die Hilde Domin rang. Seit 1952 immer wieder mit den gleichen Bildern. *Die Liebe fragt nicht: war ich gestern, werde ich morgen sein? Bin ich Gabe oder Raub am Selbst? Sie erfüllte das Heute und lief auf beiden Seiten hinab in die – unwichtige – Ebene des immer, des Nicht-anders-Denkbaren, des Nicht-anders-Wünschbaren.* [...] In Santo Domingo, *auf der Insel, im Erschlaffen des Heute,* hatten beide von dem *unverdaulichen Brot der Zukunft gefrühstückt und es [sich] jahrelang mit der gefährlichen Marmelade des Gestern bestrichen* [...] und dabei zu oft in *die süssen Töpfe des Gestern* gegriffen. Hilde Domin wertete die verklärende Rückbesinnung auf die Vergangenheit als Betrug an sich selbst. Vieles hatte sich gewandelt. Es galt, sich auf die veränderte Gegenwart einzustellen, leicht zu werden für die schwere Zukunft. *Die verbotene Kost, von der zu schwachen Gegenwart nur unregelmässig ins Gären gebracht, hat uns wie Steine im Magen gelegen und uns, wie Du sagst, »schwer gemacht«, schwer wie Karrengäule* [...] *Du aber vergiss die Angst und betrüge Dich nicht mit der Zukunft* – so hatte sie ihren Mann bereits im Januar 1952 beschworen.

Nahezu dieselben Worte bemühte sie sieben Jahre später in Astano. Domin stellte ihren ersten Gedichtband zusammen, Palm insistierte auf den Bedingungen der Vergangenheit: *Du bist entschlossen, uns zugrunde zu richten, scheint es. Mit diesem Angeklammere an das Gestern. Das Heute ist doch gar nicht schlecht.* [...] *Ich ängstige mich zu Tode, Du scheinst nicht lernen zu wollen.* [...] *Du MUSST und MUSST Mut haben: zu dem Heute.* [...]. *Bitte bitte, sag mir gleich auf dem Flugplatz, dass ich sein kann wie ich bin und Du es trotzdem nett findest.*

Erwin Walter Palm blieb die Antwort schuldig und machte sich stattdessen von Spanien aus auf den Weg nach Deutschland.

Unmittelbar nach seiner Abreise schrieb Hilde Domin das Gedicht »April«. Wieder legten Manuskripte und Briefe den Blick auf zwei Jahrzehnte frei, die Vertreibung, Vertrauensbruch und Trauer schwer gemacht hatten. *Du öffnest das Fenster. / Alle Frühlinge / kommen herein mit diesem.* Düfte, geschwängert von Sehnsucht nach dem Glück von Gestern und der Wehmut über das Heute. *Die Welt riecht süß / nach Gestern* – nach den Glyzinien aus der Via Monte Tarpeo in

Rom oder dem roten Flamboyant aus Santo Domingo, als das *Gestern noch süß nach Heute* roch. *Düfte sind dauerhaft.* Mochte das milde Licht der Erinnerung Vergangenes weichzeichnen, Domins Gedichte aus jener Zeit gingen hart mit enttäuschter Liebe und missbrauchtem Vertrauen ins Gericht. Wie wenig Substanzielles hatte sich in die Gegenwart retten lassen. Doch Hilde Domin war an ihren schmerzlichen Erfahrungen gewachsen. *Du weißt, / der Winter / und der Schmerz / sind nichts, / was umbringt.*

Allerdings desillusioniert das Wissen um die innere Stärke. *Ein Kuß birgt alle Küsse* – und so flossen in jenem Frühling die Straßen selbst im immer blauen glatten Himmel von Madrid ins Leere und ließen sie mit ihrer Sehnsucht zurück. Die ist eine Verführerin und bereit, mit der Illusion vom idealisierten Gestern das Heute zu betrügen. Kandierte Hoffnung. Sie milderte die Bitterkeit der Gegenwart nicht.

An Hilde Domin zerrten das Gestern und das Heute. Ihr Dilemma war, dass sie sich dem Zauber des vermeintlichen Glücks der Vergangenheit nicht entziehen und gleichzeitig dem Neuen nicht versperren wollte.

Die Luft riecht heute süß
nach Gestern –
das süß nach Heute roch.

Schon Alfred de Musset hatte diesen Zwiespalt erkannt: *Un souvenir heureux est peut-être sur terre plus vrai que le bonheur.* – Eine glückliche Erinnerung ist vielleicht auf Erden wahrer als das Glück.

15

»PÍCARA«

Ich war der reife Apfel
der fast auf den Boden hängt.
Du brauchtest keinen Finger zu rühren.
Ich sagte: »Öffne deinen Mund
und iß mich.«

Das war in der Schlaraffensaison,
wo die gesottenen Hühner und Enten
mit Messer und Gabel im Rücken
nach deinem Versprechen verlangten
daß du sie zu verspeisen geruhst.

Jetzt bin ich die kleine grüne Frucht
auf dem obersten Zweig
wo der frische Wind bläst.
Die Tauben gurren auf den Dächern
ganz ungebraten.

Und das verschmähte Menü
muß gereift und gepflückt
gefangen und gerupft werden,
wenn und soweit du's
zu locken zu fangen zu reifen zu pflücken
zu rupfen zu braten verstehst.

Im Dezember 1960 schloss Hilde Domin ihren Roman ab und war bereit, ihrem Mann nach Heidelberg zu folgen. Wieder sollte ein Zehn-Punkte-Vertrag moralische Stütze sein und schriftlich fixieren, was Domin gefordert hatte: gegenseitige Freiheit hinsichtlich Stimmung und Zeit.

Hilde Domin hatte sich gewandelt. Das Gedicht Pícara nimmt Hilde Domins Entwicklungs-Prozess auf: *der frische Wind bläst* Erwin Walter Palm entgegen. Schelmisch scheint der erhobene Zeigefinger zu drohen und provoziert Bilder aus dem Märchen vom Schlaraffenland. Doch seit langem schon war das Leben kein Fingerlecken mehr. Hilde Domin war ihr Anliegen ernst. So ernst, dass sie es zwei Jahre später in ihren »Gesammelten autobiographischen Schriften« aufgreift:

Früher war ich rundlich und prall, jetzt bin ich grazil. Früher plante ich, jetzt ist jeder Tag immer nur Heute, selbst der Abend ist jedem Morgen unvorstellbar weit weg. Ich, so nützlich, bin unnütz geworden. Und, was das Schlimmste ist, ich bin ein Sohn, der alles umgekehrt tut. Der viel Geduld verlangt und den man manchmal am liebsten hinauswürfe. Jeder Atemzug, den ich tue, ist der eines enfant terrible.

Ich war der reife Apfel der fast auf den Boden hängt [...]. *Jetzt bin ich die kleine grüne Frucht auf dem obersten Zweig* [...].

Ohne die biographischen Hintergründe zu kennen, er schließen sich weder Gedicht noch Prosatext. Literaturkritiker Marcel Reich Ranicki war nie Kritiker und Gentleman. Da er mit Domins Aussage wenig anfangen konnte, mokierte er sich in einer Rezension von »Gesammelte autobiographische Schriften« frank und frei: »Früher war sie – lesen wir – ›rundlich und prall, jetzt bin ich grazil‹. Mit schöner Direktheit informiert uns die Dichterin: [...] Hilde Domin scheint [...] außerhalb jeder Regel.«

Mit »Nur eine Rose als Stütze« war Hilde Domin die Anerkennung der Öffentlichkeit als Lyrikerin zugeflogen. Die erste Rezension von Walter Jens in der ZEIT vom 27. November 1959 lobte die Autorin überschwänglich und hob sie in den Rang von Ingeborg Bachmann, Paul Celan, Günter Eich, Marie Luise Kaschnitz und Nelly Sachs. Der brillante Rhetoriker und Tübinger Professor der Klassischen Philologie, Mitglied der Gruppe 47, sprach von der »Spur der Meisterschaft in diesem Erstlingswerk«. Domin habe es verstanden zu warten, von ihr müsse man nicht die krause Metaphorik befürchten, um die sich gerade Laien bemühten, um nicht epigonal zu erscheinen. Man könne Vertrauen zu ihrer Sprache gewinnen, die »schwebendleicht wie eine Rose, und die geheimste Zuflucht der aus dem Paradies Vertriebenen, über Länder und Meere Gejagten ist«. Sollte sie sich also eine Karriere als Dichterin versagen, nur um die Eifersucht ihres Mannes zu besänftigen?

Atmet das Gedicht »Die Heiligen« religiöse Ehrfurcht, so verströmt »Pícara« pure Lust am Schelmenstreich. Der Leser könnte verführt sein, das Gedicht als Gelegenheitsgedicht beiseite zu legen, weil sich seine Bilder scheinbar gar zu mühelos aufdrängen. Möglicherweise ist »Pícara« deshalb in der literaturwissenschaftlichen Betrachtung eher vernachlässigt worden.

Greift »Pícara« ein typisches Problem aus Domins Zeit in Spanien auf? Denn das Werksverzeichnis datiert das Gedicht auf die Madrider Zeit von 1960. Tatsächlich aber lag »Pícara« als unverändertes Manuskript seit dem Juni 1952 vor, in Haiti geschrieben.

Damit belegt das Gedicht einerseits, wie wenig sich die Beziehungsstrukturen des Paares seit 1952 verändert hatten. Sie durchbrachen nicht den *unsichtbaren Kreis um den Ziehbrunnen, in dem wir uns drehn wie in einem Gefängnis*. Doch neu ist – und das war bisher nicht bekannt – dass Hilde Domin damals schon ihre alte Haut abgestreift hatte und nicht gewillt war, in die abgeworfenen Hüllen zurückzukriechen. Die entscheidende Kehrtwende hatte Hilde Domin offensichtlich schon 1952 vollführt, nicht erst 1960. Damals fasste sie den Entschluss, den *Falken ihres Verstandes* nicht ausschließlich für ihren Mann auf die Jagd zu schicken. Sie hatte es satt, *der reife Apfel* zu sein, gefällig und stets zu Diensten und hatte die *Schlaraffensaison* damals schon für beendet erklärt.

"Mai piove?"

Ich war der reife Apfel
der fast auf den Boden hängt.
Du brauchtest keinen Finger zu rühren;
Ich sagte: "öffne Deinen Mund
und iss mich."

Das war in der Schlaraffensaison,
wo die gebratenen Hühner und Enten
mit Messer und Gabel im Rücken
nach Deinem Versprechen verlangten
dass Du sie zu verspeisen geruhst.

Jetzt bin ich die kleine grüne Frucht
auf dem obersten Zweig
wo der frische Wind bläst.
Die Tauben gurren auf den Dächern
ganz ungebraten.

Und das verschmähte Menü
muss gereift und gepflückt
gefangen und gerupft werden,
wenn und soweit Du's
zu locken zu fangen zu pflücken zu reifen
zu rupfen zu braten verstehst.

14.VI.52.

Ein dünnes Bändchen mit 35 Gedichten manifestierte ihren Entschluss. Es unterschied sich deutlich von Erwin Walter Palms erstem Druck. Die Herstellung seines »Pocket Guide of Santo Domingo« hatte Hilde Domin 1942 persönlich überwacht. Das Ergebnis konnte sich sehen lassen. Es war aufwändig gebunden, *die bescheidenen Objecte* [waren] *mit einer Liebe beleckt und bestreichelt und aufgezäumt*, dass ihre Einfachheit in neuem Glanz bestach. Die Anstrengung hatte ein dickes Loch in die ohnehin magere Haushaltskasse gerissen.

Hilde Domins kleiner Gedichtband hatte es nicht nötig, »aufgezäumt« zu werden: In einfacher Handarbeit sind die Doppelblätter mit Fäden zusammengeheftet, Karton zweifach zum Einband verleimt worden. Kein kostspieliger Druck, sondern mönchische Kopierarbeit sorgte für die Vervielfältigung. Die Verfasserin hatte als »Denise Isla« gezeichnet und in dem Pseudonym schon damals ihr Inseldasein gespiegelt – psychisch und physisch. Das schlanke Bändchen war von New York aus an den Pflugverlag Thal in St. Gallen geschickt worden, der sich gegen eine Aufnahme des Werkes aussprach, auch wenn er die Gedichte durchaus wertschätzte.

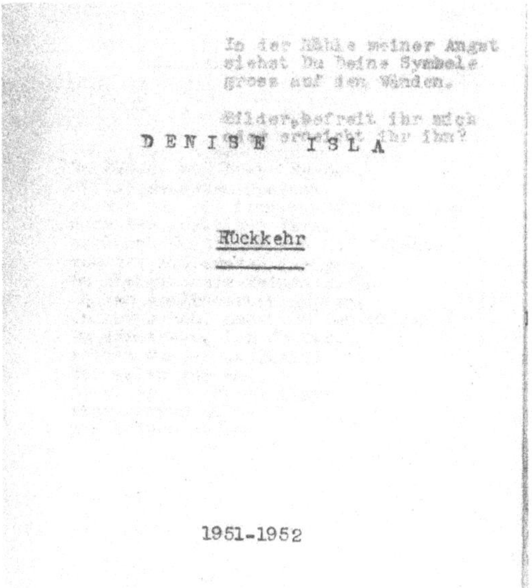
D E N I S E I S L A

Rückkehr

1951-1952

Wie ist der Titel des Gedichts zu verstehen? Ein seichtes Schelmenspiel? »Pícara« bedeutet auf Spanisch »Schlingel, Schelm«. Doch auch diesmal birgt der Titel mehr Tiefe, als das erste Lesen vermuten lässt. »La pícara Justina« heißt der Roman, den der spanische Dominikanermönch Andrés Péres de León 1605 nur unter dem Pseudonym Francisco Lopez de Ubeda zu veröffentlichen wagte. Zu frivol und anzüglich, zu gewagt – so urteilten Kritiker über die gewählte Thematik und die Sprache. Dass obendrein zum ersten Mal eine Frau zur Protagonistin eines Werkes erhoben wurde, galt als unschicklich. Auch Miguel de Cervantes tadelte den Autor dafür. Pícara Justina ist eine durchtriebene Lebenskünstlerin. Eine Landstreicherin. Obwohl ihre Umwelt ihr jede Moral absprach, war sie im tiefsten Innern tugendhaft und bemüht, sich ihre Jungfräulichkeit bis zur Hochzeit zu bewahren. Der gewählte Ehemann entpuppte sich als wenig würdig, war er doch ein betrügerischer Spieler – La Pícara hatte sich für den Falschen aufgeopfert.

Der Vorspann der deutschen Übersetzung beruft sich ausdrücklich auf das spanische Original und diente Hans Christoffel zu Grimmelshausen als Quelle für seine »Landstörzerin Courage«. In den dominikanischen Bergen gehörte Grimmelshausen zu Hilde Domins Lektüre.

Grimmelshausen zeichnet mit seiner Landstörzerin ein weibliches Schicksal im Treiben des Dreißigjährigen Krieges nach und schuf mit der *Erzbetrügerin und Landstörzerin* Courage eine Figur, die Brecht zu seiner »Mutter Courage« inspirieren sollte. Sie ist eine Frau jenseits der traditionellen religiösen und moralischen Normen, zu keiner Zeit bereit, ihre Identität aufzugeben. Bei Grimmelshausen durchläuft sie alle männlichen Berufssparten. Sie ist Rittmeisterin und Hauptmännin, avanciert gar zum Leutnant und bewährt sich als Musketier, bis sie schließlich zurück in die Rolle der Marketenderin fällt – in jeder Rolle bewährt sie sich meisterlich – Simplicissimus zum Verdruss.

Wo ist die Verbindung zu Hilde Domin? Sie war »die Lebenspartnerin, […] [Sie war] nur Ehefrau, nur Frau, nur Sekretärin, nur Managerin, nur Beschützerin, nur Freundin, die ihn motivierte und ihm Kraft gab. [...] Für die ärgerlichen Rechnungen, das noch lästigere Geld beschaffen, die täglichen Einkäufe – für die ganze Alltagsroutine war Hilde zuständig. Sie führte den Haushalt, kopierte Manuskripte, löste dringende Probleme und lächelte dabei liebenswert, während das enzyklopädische Werk ihres Mannes immer umfangreicher wurde.« Die junge Ivelise Prats Ramírez, die spätere Kultusministerin der Dominikanischen Republik, gab diese Beschreibung, als sie sich 1988 anlässlich des Todes von Erwin Walter Palm an das Paar erinnerte.

Wie Grimmelshausens Landstörzerin, die trotz ihres Leids nicht resigniert und niemals aufhört, sich durch das Positive an einer Situation motivieren zu lassen, vertraute auch Hilde Domin auf die Anrufbarkeit des Anderen. *Nicht im Stich zu lassen* – Plädoyer für ein menschliches Miteinander. Eine Mindestutopie, die ihre Jungfräulichkeit schon im Paradies verspielt hatte. Nach dem Sündenfall blieb der Garten Eden verschlossen, die Schlaraffensaison war beendet. Die Metaphern ergänzen sich. Die des unschuldigen Gartens greift Hilde Domin in ihrem Roman »Das zweite Paradies« auf: *Als die Tür ins Helle wieder aufging, und sie sich von neuem miteinander in einem Garten fanden, sagte sie laut und nachdrücklich: ›In diesem Garten gelten andere Spielregeln als früher.‹* »Das zweite Paradies« und die Endfassung von »Pícara« entstanden zeitgleich 1960 in Madrid.

Als Hilde Domin 1983 in der Heidelberger Heiliggeistkirche den Weihnachtsgottesdienst besuchte, machten ihr die Worte aus dem Lukasevangelium, einer Offenbarung gleich, dieses Weihnachtsfest unvergesslich. *Und der Engel mit dem Schwert gab in dieser Nacht die Paradiespforte wieder frei. ›Die Tür zum Paradies‹ hiess es. Das Paradies und ob man zurück kann. Ich hatte es mir nie überlegt, dass es ja weiter bewacht und verboten ist. Um so aufregender diese nie gehörte Botschaft. Das war für mich die Weihnachtsbotschaft: dass in dieser Nacht der Cherub den Wachposten räumte.*

Dem Cherub ähnlich rief Hilde Domin schließlich ihren Wachposten vom Eingang zum Paradies ab und öffnete sich dem Leben im Zweiten Paradies. An der Seite von Erwin Walter Palm.

16

ABEL STEH AUF

Abel steh auf
es muß neu gespielt werden
täglich muß es neu gespielt werden
täglich muß die Antwort noch vor uns sein
die Antwort muß ja sein können
wenn du nicht aufstehst Abel
wie soll die Antwort
diese einzig wichtige Antwort
sich je verändern
wir können alle Kirchen schließen
und alle Gesetzbücher abschaffen
in allen Sprachen der Erde
wenn du nur aufstehst
und es rückgängig machst
die erste falsche Antwort
auf die einzige Frage
auf die es ankommt
steh auf
damit Kain sagt
damit er es sagen kann
Ich bin dein Hüter
Bruder
wie sollte ich nicht dein Hüter sein
Täglich steh auf
damit wir es vor uns haben
dies Ja ich bin hier
ich
dein Bruder
Damit die Kinder Abels

sich nicht mehr fürchten
weil Kain nicht Kain wird
Ich schreibe dies
ich ein Kind Abels
und fürchte mich täglich
vor der Antwort
die Luft in meiner Lunge wird weniger
wie ich auf die Antwort warte
Abel steh auf
damit es anders anfängt
zwischen uns allen
Die Feuer die brennen
das Feuer das brennt auf der Erde
soll das Feuer von Abel sein
Und am Schwanz der Raketen
sollen die Feuer von Abel sein

Ein Gedicht, das mein letztes Wort ist, nicht nur heute – Mit diesen Worten schloss Hilde Domin 1988 ihre Frankfurter Poetikvorlesungen. Mit »Abel steh auf« beendete die Dichterin jede ihrer Lesungen. Dieses Gedicht lag ihr am Herzen wie kein anderes: ein Zeugnis der Liebe, durch die ein Überleben und neu Anfangen möglich gemacht wird. In ihren »Gesammelten autobiographischen Schriften« bekannte sich Hilde Domin zum persönlichen Motiv für dieses Gedicht: Nur für sich habe sie es ursprünglich verfasst, um sich von einer quälenden Erfahrung zu befreien.

»Abel steh auf« basiert auf dem biblischen Vorbild. Kain und Abel, ein Fleisch und Blut, der eine Schäfer und der andere Ackerbauer. Beide bringen Gott ihr Opfer dar, beide buhlen um seine Zuwendung, doch nur Abels Opfer ist gottgefällig, Kains Opfer findet nicht die Gnade des Umworbenen. Der Verschmähte empfindet es als Unrecht, das Abel grundlos bevorzugt. Rationalisieren ist zwecklos. Der Neid auf den Bruder endet mit dem Brudermord.

Auch Hilde Domin und Erwin Walter Palm waren wie ein Fleisch und Blut: *Du bist für mich wie eine Fortsetzung des eigenen Körpers: meine empfindlichste Stelle.* Auch sie waren zu Rivalen geworden: Erwin Walter Palm misslang, was seiner Frau leichtfiel.

Hilde Domins erster Entwurf ist sehr faktisch und von Ironie getragen: *Kain ging / Abel flog / Kains Füsse waren ihm schwer / sein Körper wog / Abel sass auf dem Zweig / und sang / über einem Abgrund* […] *Kain sagte: Es ist schlechtes Wetter / Abel zeigte ihm den Strahl im Wolkenloch.*

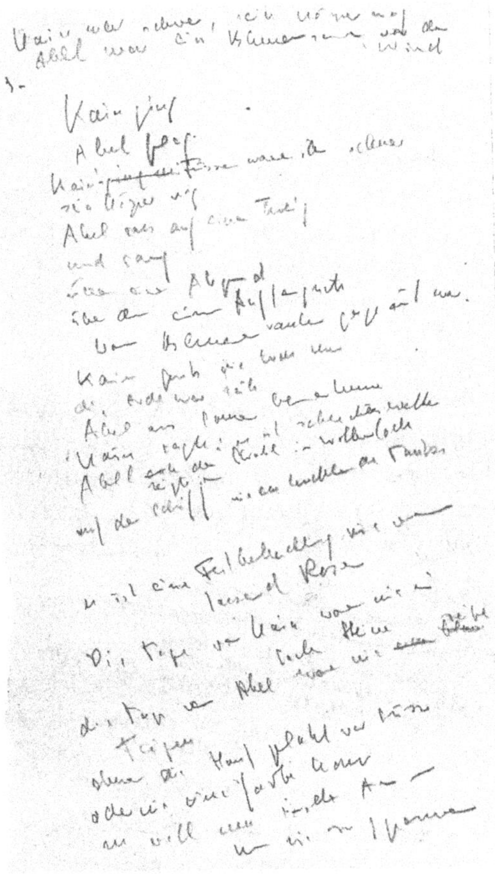

Der unbekümmerte Ton täuscht. Zu jenem Zeitpunkt konnte von spielerischer Leichtigkeit im Verhältnis der Lebenspartner schon nicht mehr gesprochen werden. Die Auseinandersetzung war im Herbst 1946 im Exil in Santo Domingo eröffnet worden, als sich Erwin Walter Palm dank seiner amerikanischen Mäzenin Frieda Warburg ein Freisemester an der staatlichen Universität erlauben konnte. Nach Abschluss seiner geplanten Südamerikareise wollte er sich ganz dem Gedichteschreiben widmen. Doch die Inspiration blieb aus. Seine Frau dagegen gestand ihm eines Morgens, dass sie ein Gedicht geschrieben habe. Erwin Walter Palm reagierte ausgesprochen verärgert auf diese Zeilen, die er sich nach vielem Sträuben angesehen hatte:

Im Tor schon
hobst du den Blick.
Wir sahen uns an.

Eine große Blüte stieg
leuchtend blaß
aus meinem Herzen

»Es ist ein Gedicht!«, war sein einziger Kommentar, dann knallte er die Tür hinter sich. Damit wusste Hilde Domin, dass der Moment gekommen war, den sie seit Langem gefürchtet hatte: dass ihm ihr Gedicht besser gefiel als seine eigenen. Hilde Domin ließ bei ihren Lesungen diese Episode nie aus.

Palms Reaktionen erschöpften sich offenbar nicht im Türknallen. In den Nächten nach heftigen Auseinandersetzungen kniete Hilde Domin vor dem Bett ihres Mannes und küsste und wusch die Hand, die sie verletzt hatte, um sie wieder zu einem *Instrument der Zärtlichkeit* werden zu lassen. Die Demut besänftigte Erwin Walter Palm nicht. Dichtkunst musste Männerdomäne bleiben – der Stefan-George-Jünger beharrte auf seiner Einstellung. Er fürchtete, dass ihm die Inspiration seiner Frau eigene kreative Energie abziehen könnte: *Musenabzug* nannte er es. Und dann zog er den Vergleich von Kain und Abel heran. Der Hilde Domin entsetzte, wusste sie doch, dass daraus der Brudermord resultierte. *Kain und Abel* – [...] *Brudermord. Schlüsselgeschichte für menschliche Tragik und schuldhafte Verstrickung schlechthin. Die Differenz der Lebensentscheidung entfremdet sie. Ihre Produktionsweise prägt ihre Lebensweise. Der eine ein Nomade, der andere ein Ackerbauer, der zum Städtebauer wird. Der eine folgt der Natur, der andere beherrscht sie.* – Der evangelische Theologe und Bürgerrechtler Friedrich Schorlemmer ahnte beim Versuch einer Gedichtanalyse nicht, wie nah er dem Ursprung des Konflikts tatsächlich kam, der mehr als zwei Jahrzehnte schwelte. Hilde Domin thematisierte ihn in Briefen an Freunde und Verwandte.

Auf der Zugfahrt von Málaga nach Madrid entstand 1956 die zunächst als *Kainsgedicht* bezeichnete Rohfassung von »Abel steh auf«. Damals fand Hilde Domin nicht die Zeit, ihre Gedanken auszuarbeiten. Ihre Tätigkeit als Lektorin und Sekretärin ihres Mannes nahm sie wie in Santo Domingo gefangen. Das Manuskript geriet in Vergessenheit. 1957 konnte sie es nur noch mit Mühe entziffern. Es ruhte im Konvolut der übrigen Manuskripte bis 1959.

Erst dann holte Hilde Domin es in der Klausur in Astano wieder hervor. Das *Kainsgedicht* hatte nichts von seiner Brisanz verloren.

Hilde Domin überarbeitete das Gedicht grundlegend. Sie modellierte besonders den dialektischen Versöhnungsgedanken heraus: Der Brudermord muss rückgängig gemacht werden. Kain kommt nur von seiner Schuld frei, wenn Abel aufstehen darf: *damit es anders anfängt.* Erst wenn Erwin Walter Palm gegenüber der Dichterin Hilde Domin Verantwortung zeigte, war ein Neubeginn möglich. »Ja, wir sind füreinander verantwortlich [...] Sorge wird zur Fürsorge [...]. Da heißt die Frage nicht mehr, was ist verboten, sondern wo kann und soll ich dem anderen ein Helfer sein.

Nicht nur nicht töten, sondern dafür sorgen, dass der andere und die anderen leben können.«

Auch der Heidelberger Philosoph Reiner Wiehl, den eine tiefe geistige Freundschaft mit Hilde Domin verband, setzte sich mit diesem Gedicht auseinander. Anfangs befremdete ihn die vermeintlich notwendig christologische Auslegung von »Abel steh auf«. Aber in Anlehnung an Karl Jaspers, der nach dem Ende der Nazizeit die Schuldfrage reflektierte und dabei von der »metaphysischen Schuld« sprach – jener Schuld, keine Antwort zu wissen auf die Frage nach dem Verbleib des Bruders und damit als gewissenhafter Mensch an diesem Bewusstsein eigenen Versagens zu leiden –, kommt Wiehl zu einer umfassenderen Deutung: »Die Sätze des Gedichts sagen nicht die Auferstehung als ein stattgefundenes Ereignis aus. Ihr Sinn liegt einfach und offen zutage. Sie sind, wie so viele Sätze der Gedichte Hilde Domins, [...] Sprüche der Ermutigung. [...] Es sind Sätze der Ermutigung für den erschöpften, den niedergeschlagenen, den erniedrigten Menschen. Die Dichtung geht hier in der Sinngebung über die Voraussetzung der Philosophie hinaus. Diese Sätze lassen in der Ermutigung die Möglichkeit eines Neuanfangs und der Versöhnung sehen. Aber sie geben damit auch der philosophischen Deutung ihr Recht.«

»Abel steh auf« beschwört den Neubeginn leidenschaftlich, um das angerichtete Unrecht *rückgängig* zu machen. Ist das vertraute Miteinander auch verraten worden und die Erschütterung tief, so kann »Abel« dennoch die Erniedrigung und Niedergeschlagenheit »Kains« nachvollziehen. Deshalb muss das Zwiegespräch wieder aufgenommen werden. Nur dann können sich die Entzweiten wieder einander zuwenden. In einer Selbstinterpretation von 1986 betonte Hilde Domin, wie wichtig es sei, dass Abel »mitmache« und Kain die Chance gebe, das zerstörte Vertrauen wieder herzustellen. Ein zweites Mal dürfe Abel nicht enttäuscht werden. Und dazu müsse die Verlässlichkeit täglich neu besiegelt werden: *täglich muß es neu gespielt werden / täglich muß die Antwort noch vor uns sein.* Die stakkatohafte Wiederholung unterstreicht den Appell.

Auch 1959 hatte Hilde Domin zu diesem Gedicht noch nicht die nötige Distanz entwickelt. Sie nahm es deshalb nicht in ihren ersten Gedichtband auf. Denn weiterhin verweigerte Erwin Walter Palm seiner Frau das »Ja« zu ihrer Souveränität als Schriftstellerin. Zehn Jahre später erst wurde der Konflikt beigelegt und erst dann stand der Rückkehr in das »zweite Paradies« nichts mehr im Wege. Erwin Walter Palm hatte sich an der Universität Heidelberg etabliert, Hilde Domin ihren Weg als Schriftstellerin genommen.

»Abel steh auf« hat einen langen Weg genommen: Als Motiv 1946 in Santo Domingo entstanden, als Notiz 1956 im Zug auf der Rückreise von Málaga skizziert, als Gedicht 1959 im Tessin gedanklich gereift und in eine poetische Form gebracht, steht es für den definitiven Neubeginn der Beziehung des Paares. Den datierte Domin auf den 17. Juli 1969. Das war der Tag nach dem Start der amerikanischen Saturn-V-Rakete, die die drei Astronauten in ihrer Raumfähre Apollo 11 zum Mond brachte. Hilde Domin nahm diese erste Mondlandung zum Anlass, das 1959 abgeschlossene Gedicht zu aktualisieren und es von seiner traurigen Entstehungsgeschichte zu befreien. Beim Betrachten der Fernsehbilder, die die Raumkapsel auf ihrem Weg zum Mond zeigten, fürchtete sie, dass der Erde vom Mond aus ein Angriff drohen könnte: *kann man Raketen dort hinaufschiessen, könnte man sie auch von dort aus runterschiessen.* Kindliche Ängste, dass die Feuer *am Schwanz der Raketen* immer nur die friedlichen Feuer von Abel sein mögen. Sie fügte an jenem Donnerstag im Juli 1969 die zwei Strophen hinzu, die die Abgeschlossenheit des Gedichts stören, doch die Verse der ursprünglich intimen Betroffenheit entfremden.

Die Politisierung der späten Sechzigerjahre und die zwei angefügten Strophen machten das Gedicht zu einem Widerstandsgedicht – eine Entwicklung, der Hilde Domin anfangs nur halbherzig zustimmen wollte. Bald aber freundete sie sich mit der Interpretation an, dass die letzten beiden Strophen die Angst eines Jeden vor einer nicht kontrollierbaren Bedrohung aufnehmen und als eine Art »Stoßgebet« gewertet werden könnten.

»Abel steh auf« bleibt das Schlüsselgedicht für ein menschliches Miteinander. Im kreativen Schöpfungsstreit des Paares liegt zwar der Zugang zu den Versen, doch er nimmt ihnen nichts von seiner religiösen und humanen Ausrichtung. Und einmal mehr greift das Gedicht die Grundforderung auf, der Hilde Domin menschliches Miteinander unterwirft: *Nicht im Stich zu lassen. Sich nicht und andere nicht. Und nicht im Stich gelassen zu werden. Das ist die Mindestutopie, ohne die es sich nicht lohnt, Mensch zu sein.*

DIE SECHZIGERJAHRE

Graue Zeiten – Ich will dich

Die gesellschaftspolitischen Prozesse der Sechzigerjahre boten reichlich Anlass zum Engagement. Viele waren auf der Suche nach neuen Werten, doch Restauratives besetzte in der neuen Bundesrepublik weiterhin seine Nischen. Immer ungenierter. Schon 1959 war die frischrestaurierte Kölner Synagoge in der Weihnachtsnacht mit Hakenkreuzen und Naziparolen geschändet worden. Zum Entsetzen nicht nur von Hilde Domin schien ab Mitte der Sechzigerjahre innerhalb des Parteienspektrums die NPD auf dem Vormarsch zu sein. Zwei ehemalige NSDAP-Mitglieder besetzten die höchsten Ämter der Bundesrepublik. Die Wahl von Kurt Georg Kiesinger zum Bundeskanzler bezeichnete Erwin Walter Palm als den schwärzesten Tag seit dem Kennedymord. Die Landtagswahl in Hessen vom 6. November 1966 brachte der 1964 gegründeten NPD 7,9 Prozent der Stimmen, sie entsandte acht Abgeordnete in den Wiesbadener Landtag. In den folgenden zwei Jahren eroberte die Partei Sitze in sieben weiteren Landesparlamenten.

Hilde Domin alarmierte das Auflodern des rechten Gedankengutes im Heidelberger Stadtteil Handschuhsheim, in dem sie 1961 ihre erste feste Wohnung nach der Rückkehr aus dem Exil bezogen hatte: Dreizehn Prozent der Bürger hatten die NPD gewählt. Heinrich Böll rief in der WELT alle »Nichtnazis« dazu auf, auszuwandern. Die Palms reflektierten immer wieder ihr Bleiberecht in dem Land der Täter und hatten ihre Auswanderungspläne noch nicht ad acta gelegt. Und doch gestand Hilde Domin einer Freundin, dass sie sich nach der deutschen Sprache sehne und *den Pulsschlag, das Echo, die Freundschaften und Anhänglichkeiten* brauche.

Hatte Hilde Domin unmittelbar nach der Rückkehr mit dem Gefühl gelebt, wie ein lebender Stein in jede Bresche gestopft zu werden, so legte sie in den Sechzigerjahren die Opferrolle ab und wurde politisch aktiv. Sechs Gedichte aus den Jahren 1966 und 1967 wurden veröffentlicht. Domin ignorierte die unterschwellig verbreitete Ansicht, dass sich ein jüdischer Schriftsteller politisch zurückzunehmen habe. Sie setzte sich der Öffentlichkeit aus und nahm die Anfeindungen in Kauf. *Der, der das Wort hat, der soll zu denen reden, die es nicht haben.* Die Aktionen, die sie unterstützte, entsprangen politischer, sozialkritischer oder kultureller Motivation; gemeinsam war allen, dass sie sich für Schwache oder Ausgegrenzte einsetzten – und immer das Individuum fokussierten. Sie engagierte sich für Flüchtlinge, um deren Abschiebung zu verhindern. Sie verschaffte einem arbeitslosen Lehrer eine Stelle und einem ausländischen Studenten ein Stipendium. Wenn die Lyrikerin sich äußerte, überzeugte sie mit präzisen Formulierungen. *Das genaue Wort zu finden für den stimmlosen Ton des Herzens heisst sich selbst nicht belügen* – Hilde Domin berief sich auf Konfuzius. Ihre Worte kommen behutsam, scheinbar leise daher, doch formulieren sich nicht leicht. Und sie schonen nicht. »Sie erregen etwas. Das Dennoch jedes Buchstabens behält das letzte Wort, und mit dem letzten Wort, der letzten Gedicht-Zeile das Widerstandleisten der Worte, die behutsame Kraft, die stille Renitenz«, urteilte Karl Krolow über Hilde Domins Gedichte. Sich generell für eine Sache zu engagieren, von der dann auch diejenigen profitieren könnten, die die Demokratie einseitig für ihre Interessen ausnutzten, lehnte Hilde Domin ab. Mit dieser Haltung hatte sie Hans Magnus Enzensberger verärgert, dem sie zur Zeit des Algerienkrieges ihre Unterschrift für seinen Aufruf verweigerte, in dem deutsche Schriftsteller ihre Solidarität mit französischen Kollegen bekunden sollten, die von ihrer Regierung abgestraft worden waren, nachdem sie in einem Manifest das Recht auf Gehorsamsverweigerung für Algerienkämpfer gefordert hatten. *Ich bin nicht bereit, mich neben einen Nazi zu stellen und sein Recht auf freie Meinungsäusserung zu verteidigen. Davon habe ich die Nase plein.*

Doch für die Demokratie machte sie sich stark. Von Auschwitz nichts mehr hören zu wollen, wie es Franz-Josef Strauß angesichts der anstehenden Verjährungsfrist für Naziverbrechen gefordert hatte, weckte Hilde Domins Widerspruch. Das Gesetz sollte am 9. Mai 1965 in Kraft treten, bis zu diesem Stichtag war die Amnestie für Naziverbrecher ausgesetzt worden. Somit arbeitete jeder Tag, der verging, für die Täter. Die Diskussion wurde bundesweit mit großer Emotionalität geführt. Die extremen Positionen auf beiden Seiten verschärften das Klima, und der Druck des Auslands heizte die Debatte zusätzlich an. Karl Jaspers äußerte sich in einem langen Interview im »Spiegel« eindeutig: Für Mord dürfe es generell keine Verjährung geben. Auslöser dieser erhitzten Debatte war der sogenannte Hunsche-Krumey-Prozess gewesen.

Otto Hunsche, einziger Jurist im Stabe Adolf Eichmanns, und Hermann Krumey, Eichmanns Stellvertreter in Budapest, waren nach dem Krieg als »Mitläufer« eingestuft worden. 1964 aber wurden sie – parallel zum ersten Auschwitz-Prozess – wegen Mordes und räuberischer Erpressung angeklagt. Die »Lieferanten der Hölle«, wie man sie in Zeitungsberichten nannte, wurden beschuldigt, mindestens 300.000 ungarische Juden in die Gaskammern von Auschwitz befohlen zu haben. Das 1965 verkündete milde Urteil rief nicht nur bei überlebenden Opfern sprachloses Entsetzen und Empörung hervor: Fünf Jahre Zuchthaus für Krumey, Freispruch gar für Hunsche, dem die Staatskasse obendrein seine entstandenen Prozesskosten erstatten sollte. Die ausländische Presse verurteilte das Verfahren und unterstellte der deutschen Regierung, das Gesetz für die Verjährungsfrist von Kriegsverbrechen mit großer Eile verabschieden zu wollen. Staatsanwaltschaft und Verteidigung legten Revision ein, der Bundesgerichtshof hob das Urteil auf. Nach einem neuen Verfahren wurde Krumey 1969 zu lebenslanger, Hunsche zu zwölfjähriger Haft verurteilt.

Mitstreiter in der Empörung gegen das erste Urteil und gegen eine Verjährungsfrist von Morden des NS-Regimes hatte Hilde Domin in Ingeborg Drewitz, Heinrich Böll, Joachim Günther, Rudolf Hartung, Wolfgang Koeppen, Rudolf Krämer-Badoni und Peter Schneider gefunden, die ihren Aufruf unterzeichneten.

Domins Stellungnahme zu den Hunsche-Krumey-Prozessen zog nächtlichen Telefonterror nach sich. *Der Nazi, der mir hier im Hause anrief war gut informiert als er sagte: Die Lesungen der Domin werden in ganz Deutschland boykottiert*, schrieb sie ihrer Freundin Edith Baron. Die eingerichteten Fangschaltungen brachten keine Erkenntnisse, die Drohungen nahmen bald massivere Formen an. Nachts patrouillierten Neonazis mit ihren Schäferhunden vor dem Handschuhsheimer Haus und drohten den Mitbewohnern, die Hunde auf sie zu hetzen, falls sie nicht dafür sorgen würden, dass »diese Juden« auszögen. Das Leben schreibt die abenteuerlichsten Romane: Im Jahr darauf zog Hitlers Schwager in die Dachwohnung über Hilde Domin. Dessen Ehe mit Eva Brauns Schwester war kurz zuvor geschieden worden.

Hilde Domin ließ sich nicht einschüchtern und rief auf ihren Lesungen zum Protest gegen die Verjährung von Mord auf. *Es muss aufgehoben werden als komme es aus grauen Zeiten.* Der wackere Osnabrücker Redakteur Heinrich Witte, der über eine solche Lesung und Domins Empörung ausführlich berichtete, verlor daraufhin seine Stellung. Hilde Domin widmete ihm für seine Zivilcourage in ihren »Gesammelten autobiographischen Schriften« die Parabel »Der Handschuh und die Rose«.

Die neu entfachte Debatte verhinderte nicht nur die Verjährung von Morden des NS-Regimes, sondern führte im Juni 1969 dazu, dass die Verjährung für Völkermord ganz aufgehoben und 1979 jeglicher Mord von der Verjährungsfrist ausgenommen wurde. Erwin Walter Palm hatte in diesen Debatten zur Zurückhaltung geraten. Er wollte keine Angriffsfläche bieten. Doch da er ab 1963 jeweils im Wintersemester ein Forschungsprojekt in Mexiko leitete, wurde seine mäßigende Stimme nicht gehört.

17

GRAUE ZEITEN

Es muß aufgehoben werden
als komme es aus grauen Zeiten

Menschen wie wir wir unter ihnen
fuhren auf Schiffen hin und her
und konnten nirgends landen

Menschen wie wir wir unter ihnen
durften nicht bleiben
und konnten nicht gehen

Menschen wie wir wir unter ihnen
grüßten unsere Freunde nicht
und wurden nicht gegrüßt

Menschen wie wir wir unter ihnen
standen an fremden Küsten
um Verzeihung bittend daß es uns gab

Menschen wie wir wir unter ihnen
wurden bewahrt

Menschen wie wir wir unter ihnen
Menschen wie ihr ihr unter ihnen
jeder
kann ausgezogen werden
und nackt gemacht
die nackten Menschenpuppen

der Zuwanderer gestoppt werden sollte, reagierte Hilde Domin mit dem Gedicht »Graue Zeiten«. Auslöser waren ganz konkret die schwarz-roten Schlagzeilen der »Deutschen National-Zeitung«, die Hilde Domin an einem Kiosk entsetzten. Offensichtlich und ungeniert lehnte sich die Aufmachung an den »Völkischen Beobachter« der NS-Propagandisten an. Das 1951 als »Deutsche Soldaten-Zeitung« gegründete Organ hatte sich ursprünglich vor allem an ehemalige Angehörige der Wehrmacht gerichtet. Seit 1963 erschien es wöchentlich als Deutsche National-Zeitung und fokussierte nun thematisch das gesamte rechte Spektrum. *Die Köpfe der Zeitungen / das Rot und das Schwarz / unter dem Worte »Deutsch«* hatten für Hilde Domin ihren Schrecken nicht verloren. Alte Bilder und Erinnerungen an Exil und Flucht waren plötzlich wieder da: *Menschen wie wir wir unter ihnen / fuhren auf Schiffen hin und her / und konnten nirgends landen*

Sie selbst hatte zu den Menschen gehört, die gehetzt und auf Schiffen hin und her gefahren worden waren, die nirgends landen, nirgends bleiben sollten. 1940 waren sie und Erwin Walter Palm vor Jamaica auf einem Zuckerdampfer festgesessen. Das rettende Ufer fast in Sprungnähe, wollte man ihnen das Recht verwehren, an Land zu gehen.

Die Palms hatten in England auch von der erbarmungswürdigen Irrfahrt der »St. Louis« gehört: Mit dem Fluchtziel USA war dieser Dampfer mit mehr als 900 jüdischen Flüchtlingen an Bord im Juni 1939 erst von der kubanischen Regierung am Anlegen gehindert worden. Ohne Aufnahme zu finden, irrte das Schiff durch die Karibik. Sowohl die USA als auch Kanada verweigerten ihre Unterstützung. Das Flüchtlingsschiff war dazu verdammt, wieder nach Europa zurückzukehren. Beim Anblick der Stadt, vor der sie geflohen waren, wählten viele Verzweifelte den Tod: Sie sprangen ins Meer, um den Hitler-Schergen zu entgehen.

Menschen wie wir wir unter ihnen / standen an fremden Küsten / um Verzeihung bittend daß es uns gab.

Wie viele Exilanten hatten am eigenen Leib die bittere Erfahrung gemacht, *ausgezogen* [...] */ und nackt gemacht* zu werden. Davon waren die Palms verschont geblieben, doch die ersten Berichte über die Gräuel in den Konzentrationslagern hatten Hilde Domin und Erwin Walter Palm in Santo Domingo erreicht und entsetzt. Damals war ihnen bewusst geworden, dass sie zu den Glücklichen gehörten, die nur *von Pol zu Pol* gestoßen worden waren.

Immer tiefer tauchte Hilde Domin beim Schreiben des Gedichts in ihre Erinnerung ein – bis in die Anfangszeit ihres Exils in Italien. Damals war ihnen in Florenz Erwin Walter Palms Studienfreund aus Heidelberg begegnet. Grußlos war er an den jüdischen Flüchtlingen vorbeigeeilt, als hätte er sie nie gekannt. Er hatte um seine wissenschaftliche Stelle in Italien gefürchtet, gestand er den Palms voller Scham Jahrzehnte später.

Menschen wie wir wir unter ihnen / grüßten unsere Freunde nicht / und wurden nicht gegrüßt.

In Santo Domingo waren sie selbst unter Druck geraten, nachdem Trujillo die Universitätsangestellten wissen ließ, dass der auch von den Palms sehr geschätzte Historiker Don Américo Lugo zur unerwünschten Person erklärt worden war, dessen Umgang man gefälligst meiden sollte. Don Américo hatte Kritik an der Politik des Diktators geübt. Die Palms brachen den Kontakt zu ihrem Freund nicht ab. Monatelang wurden sie daraufhin vom Staatssicherheitsdienst observiert, Hilde Domin sogar zu Trujillo vorgeladen. Erwin Walter Palms Anstellung an der Universität wurde durch Trujillos Einspruch immer weiter hinausgezögert.

Schwer trugen die Palms an dem Wissen um die Deportation von Erwin Walter Palms Stiefmutter, Onkel und Großmutter, die in Theresienstadt bzw. Majdanek ermordet worden waren. Die grauenhaften Bilder der ausgemergelten nackten Leichen in den KZs suchten Hilde Domin viele Jahre in ihren Träumen heim.

die nackten Menschenpuppen / nackter als Tierleiber / unter den Kleidern / der Leib der Opfer / ausgezogen / die morgens die Schalen um sich haben / weiße Körper.

Hilde Domins Bilder sind drastisch, ohne Faktisches zu liefern. Die »unspezifische Genauigkeit« seiner Sprache macht das Gedicht »Graue Zeiten« zeitlos und zum dauerhaft gültigen Sprachrohr für Geschundene und Verfolgte. Es spricht für die Opfer eines jeden Krieges in jeder Zeit.

So hatten die Verse auch dreizehn Jahre später nichts von ihrer eindringlichen Brisanz verloren, als die ersten Vietnamflüchtlinge auf ihren desolaten Booten an Küsten strandeten, die sie nicht aufnehmen wollten. Unzählige der sogenannten »Boat People« fanden im chinesischen Meer den Tod. *Merkwürdig, dass bei den Nachrichten über die verzweifelte Lage der 2500 vietnamesischen Flüchtlinge auf dem kleinen Frachter vor Singapur sich niemand erinnert zu fühlen scheint: Haben wir nicht all das schon einmal erlebt in den späten 30er Jahren, mit allen Einzelheiten?*, fragte Hilde Domin verbittert angesichts der täglichen Meldungen im Fernsehen und zog gegen einen Leitartikel in einer Heidelberger Zeitung zu Felde, in dem der Redakteur ernsthaft vorgeschlagen hatte, »dies Schiff ohne Hafen mit Lebensmitteln und Medikamenten zu versorgen und die hohen Kosten aufzubringen, das gesamte Schiff zur Küste Vietnams zurückzuschleppen«. Die Zeitung hielt es gar für ein »Gebot der Stunde«, den Flüchtlingsstrom zu stoppen. Hilde Domin griff in ihrem flammenden Appell »Schiff ohne Hafen« auf das 1966 geschriebene Gedicht zurück. Der Aufruf war so eindringlich, dass der WDR ihn am 23.11.1978 sendete. Nur einen Tag später ordnete der niedersächsische Ministerpräsident Ernst Albrecht an, eintausend Menschen von dem Schiff aufzunehmen. Hilde Domin war ehrlich genug, sich den Anstoß für diese Großherzigkeit nicht auf ihre Fahnen zu schreiben. Sie vermerkte beim Abdruck des Appells in ihren »Gesammelten Essays«, dass sie später erfahren habe, dass die Empörung seiner Kinder Ernst Albrecht zu seinem Entschluss bewegt hatte.

Eindringlich ist das Gedicht geblieben, und es ist auch heute noch geeignet, die Zivilcourage eines jeden Einzelnen einzuklagen.

nackter als Tierleiber
unter den Kleidern
der Leib der Opfer

Ausgezogen
die noch morgens die Schalen um sich haben
weiße Körper

Glück hatte wer nur
gestoßen wurde
von Pol zu Pol

Die grauen Zeiten
ich spreche von den grauen Zeiten
als ich jünger war als ihr jetzt

2

Die grauen Zeiten
von denen nichts uns trennt als
zwanzig Jahre

Die Köpfe der Zeitungen
das Rot und das Schwarz
unter dem Worte »Deutsch«

ich sah es schon einmal
Zwanzig Jahre:

Montag viel Dienstag nichts
zwischen

uns und den grauen Zeiten

Auf das neue Ausländergesetz und die Verschärfung der Einreisemodalitäten für Emigranten, mit denen der Strom

18

ICH WILL DICH

Freiheit
ich will dich
aufrauhen mit Schmirgelpapier
du geleckte

die ich meine
meine
unsere
Freiheit von und zu
Modefratz

Du wirst geleckt
mit Zungenspitzen
bis du ganz rund bist
Kugel
auf allen Tüchern

Freiheit Wort
das ich aufrauhen will
ich will dich mit Glassplittern spicken
daß man dich schwer auf die Zunge nimmt
und du niemandes Ball bist

Dich
und andere
Worte möchte ich mit Glassplittern spicken
wie es Konfuzius befiehlt
der alte Chinese

Die Eckenschale sagt er
muß
Ecken haben
sagt er
Oder der Staat geht zugrunde

Nichts weiter sagt er
ist vonnöten
Nennt
das Runde rund
und das Eckige eckig

Unbequem und voller Widerstand – so lassen sich Hilde Domins politisch motivierte Gedichte charakterisieren. Sie trat für ihr Recht als Schriftstellerin ein und setzte ihrer aufkeimenden Angst vor dem Erstarken der NPD das *Dennoch jedes Buchstabens* entgegen. Hilde Domin erwartete von sich und anderen *Zivilcourage zum Beispiel / diesen Mut den kein Tier hat / Mit-Schmerz zum Beispiel / Solidarität statt Herde / Fremd-Worte / heimisch zu machen im Tun.*

Erwin Walter Palms beschwichtigender Einfluss aus dem fernen Südamerika, wo er seit 1963 jeweils in den Wintermonaten ein Forschungsprojekt leitete, erreichte seine Frau nicht. Sie bezog Stellung zu politischen Themen. Mit ihrer 1964 erfolgten Aufnahme in den P.E.N, die Vereinigung der »Poets, Essayists, Novelists«, dachte sie, eine geeignete Plattform gefunden zu haben, um zu mobilisieren: Den P.E.N. nicht *den Alten* überlassen. Gleich im Jahr ihrer Aufnahme engagierte sie sich für das Verbot der NPD, *solang das Ding noch klein ist und ohne Mystik.* Ihre fordernde Energie verschreckte viele Mitglieder. Erich Fried gestand Hilde Domin 1967, dass sie als das *unbequemste* Mitglied angesehen worden sei. Vor allem ihre Solidaritätsbekundungen für den Regisseur und Filmemacher Rainer Werner Fassbinder, der das *faschistoide Grundverhalten im Alltag* in seinen Filmen anprangerte, stießen auf Ablehnung in der Vereinigung. Es war schon ihr *4. Antrag dieser Art in zwei Jahren*. Hilde Domin registrierte antisemitische und ausländerfeindliche Strömungen mit seismografischer Empfindlichkeit. Sie setzte sich in ihrem literarischen Werk mit der Verlassenheit des Einzelnen in der Gesellschaft auseinander, schloss sich der von Astrid Gelhoff-Claes gegründeten Initiative für Gefängnislesungen an. Mit resoluter Sensibilität prangerte sie das Unvermögen ihrer Mitmenschen an, die es an Zivilcourage fehlen ließen.

furchtlos

mit der kleinen Stimme

das Verschlingende beim Namen nennen

Sie war *mit Worten unterwegs*. Aber [e]*s war ja alles in Bewegung, und es passierte dauernd etwas Neues, Gewaltiges, anno 68. Der Krieg in Vietnam und die Proteste dagegen* [...], *der Kampf gegen Springer, die anarchistisch-terroristischen Anfänge* [...]. *Der Mai-Aufstand der Pariser Studenten. Dann der Tiefschlag vom August, der Warschauer Pakt unterdrückt mit Panzern den Prager Frühling.* [...]. *Schliesslich der von den USA geförderte Militärputsch in Griechenland.* [...] *Falls also zu 68 noch irgend etwas Erhellendes zu sagen ist, dann wäre es vielleicht dies: von der Suche zu sprechen, der Suche auch nach der eigenen Nützlichkeit und dem Gebrauchswert eigenen Tuns.*

Hilde Domin reflektierte die gesellschaftspolitischen Prozesse der Sechzigerjahre in ihrem Gedichtband »Ich will dich«, der 1970 erschien. Zweiundzwanzig Gedichte schlagen der Freiheit des Wortes eine Bresche. *Damit es anders anfängt zwischen uns allen*, die Zeile aus ihrem Gedicht »Abel steh auf«, hatte sie ihrem Band als Motto vorangestellt, und damit hatte sie nicht nur den privaten Neubeginn thematisiert. Auch Domins politische Gedichte sind ein Erfahrungsmodell, nicht nur Evokation der historischen Ereignisse. Die Gedichte aus dem Band »Ich will dich« sprechen das historische Moment des persönlich Erlittenen an und transzendieren zugleich den konkreten Moment in einen zeitlosen Raum.

Das Titelgedicht schrieb sie 1967: in dem Jahr, in dem Benno Ohnesorg ermordet wurde, sich eine außerparlamentarische Opposition formierte, die Aachener Staatsanwaltschaft Anklage gegen den Hersteller des Schlafmittels »Contergan« erhob, welches bei Schwangeren zu Missbildungen der Neugeborenen führte. Hilde Domin hatte auch dazu einen Artikel verfasst. In New York protestierten unter der Führung des Bürgerrechtlers Martin Luther King mehr als 125.000 Menschen gegen den Krieg in Vietnam. Der Friedensnobelpreis wurde wie schon im Jahr zuvor nicht vergeben. Der Freiheit eine Bresche schlagen: »Freiheit, die ich meine, die mein Herz erfüllt, komm mit Deinem Scheine, süßes Engelsbild.« Das von den Nationalsozialisten missbrauchte Lied des Maximilian von Schenkendorf, der sich damit den napoleonischen Freiheitskriegen entgegengestellt hatte, wird Hilde Domin bekannt gewesen sein: Die Losung »Freiheit, die ich meine« wurde ab Beginn des 20. Jahrhunderts unabhängig von Schenkendorfs Lied populär.

»Ich will dich« erschien 1968 in der Zeitschrift »Die Horen« und gleichzeitig in einer Anthologie, die als Hommage an Peter Huchel gedacht war, der vom DDR-Regime als Unperson gebrandmarkt und unter Hausarrest gestellt worden war. Der Impetus des Gedichts war universell, und so ließ es sich auch 1968 zu Gehör zu bringen und auf den Freiheitswillen der Tschechen übertragen, als der Prager Frühling im Keim erstickt wurde. Hilde Domin hatte dafür ihrer ersten Manuskriptfassung einen Epilog angefügt, der den Bezug zu den tschechischen Ereignissen herstellte und in dieser Form in der »ZEIT« vom 6. 9. 1968 veröffentlicht wurde: *Freiheit / Ich will dich / für die Tschechen / die dich wollen / Freiheit benimm dich.* Diesen Nachtrag, als Manuskript mit Bleistift auf einen karierten Zettel hingeworfen, hatte sie später für ihren Gedichtband wieder gestrichen, sich an ihrer eigenen Maxime orientierend: Ein Gedicht soll nicht als Steuerungsinstrument für eine ganze Gesellschaft missbraucht werden. Es soll das Bewusstsein der Lesenden ändern, nicht die Gesellschaft.

So wenig glatt wie das Gedicht sollte die Umschlaggestaltung sein: Der Künstler HAP Grieshaber hatte auf Domins Bitte hin für das Cover einen Vogel entworfen. Leicht sollte er sein: *Fliegen muss er, los vom Boden.* Und wunschgemäß zeichnete Grieshaber einen *leicht dahinfliegenden etwas impertinenten Vogel mit offenem Schnabel, als käme er rufend daher. Ein Friedensvogel auf seine Weise.* Seinem Entwurf fügte Grieshaber ein Foto von einer Trümmerlandschaft bei: *im Fall von »Ich will dich nicht«* – falls Domin den Entwurf also ablehnen sollte. Doch Entwurf und Foto überzeugten Hilde Domin so, dass sie die Rückseite des Gedichtbandes auch damit gestaltete: »Ich will dich – Ich will dich nicht« gehörte zu Domins Favoriten der Umschlaggestaltung.

Das Dennoch jedes Buchstabens forderte die Freiheit des Wortes, denn weiterhin litten Domins Worte unter der »Angst vor dem Verrat des Menschen an dem Menschen. Vom Trauma der

Nazi-Epoche ist viel im Innern hängengeblieben, aber doch so weit verarbeitet, dass es keine Borniertheit im Hinblick auf Beurteilung und Parteinahme für entgegengesetzte Kulturtheorien hinterlassen hat« – Joachim Günthers lobte die Dichterin ausdrücklich für ihren liberalen Umgang mit heiklen Beziehungen und auch dafür, dass sie sich »als Jüdin einer bleibenden Diaspora nie durch dick und dünn verpflichtet fühlte«. Domin beanspruchte für sich das Recht, *die Juden öffentlich zu tadeln,* wie sie es im Falle von Günter Grass getan hatte: Als Günter Grass 1967 in Israel vor dem Hebräischen Schriftstellerverband sprechen wollte, verweigerte der ihm das Rederecht in diesem Gremium, obwohl Grass als Ehrengast des israelischen Außenministeriums reiste. Hilde Domin wollte diese *Sippenhaft* nicht hinnehmen und mobilisierte Schriftstellerkollegen für eine Protestnote, in der Nelly Sachs an prominenter Stelle unterschrieb. Dennoch drohte der Aufruf fast daran zu scheitern, dass sich die Mitunterzeichner Erich Fried und Peter Weiss mit der Definition ihres Standorts als Jude und Schriftsteller schwertaten: »Naziverfolgte, Jüdische Schriftsteller, Deutsche in Brüderlichkeit, Dichter deutscher Sprache, deutsche Dichter« fanden keine Akzeptanz. Ebenso wurde verworfen: »Wir von Hitler als Juden verfolgte Dichter deutscher Sprache protestieren aufs Schärfste gegen das an Günter Grass begangene Unrecht, fordern Neuentscheid.« Letztlich befolgte Hilde Domin Walter Boehlichs Rat für die Endfassung, die so einfach wie unverfänglich war: *Wir protestieren* und dann unterschrieben die Unterzeichner mit ihrem Namen. Das israelische Schriftstellergremium tagte daraufhin ein zweites Mal – und blieb bei seiner Absage. Hilde Domin forderte das korrekte Wort ein. Von sich und anderen. Sie bezeichnete sich gern als *Sprachhandwerkerin* und wusste um die Brisanz des treffenden Wortes, das sie mit »Ich will dich« anmahnte.

Hochsensibel registrierte sie antisemitische Anklänge und reagierte dann umgehend mit Leserbriefen auf Artikel in der Tagespresse, beispielsweise im August 1962: Bei einer rechtsradikalen Versammlung war eine Frau von Neonazis verprügelt worden. Die Presse verharmloste den Vorfall in ihrem Bericht mit den Worten, die Frau sei in *tätliche Auseinandersetzungen verwickelt* worden. – *Sind die 6 Millionen Juden auch in handgreifliche Auseinandersetzungen ›verwickelt‹ worden?*, empörte sich Domin bei der Zeitung. Am nächsten Tag las man dort einen Nachtrag. Man sprach nun von einem *brutalem Überfall* auf die Frau.

wie es Konfuzius befiehlt / der alte Chinese / [...] Nichts weiter sagt er / ist vonnöten / Nennt / das Runde / rund / und das Eckige eckig

Hilde Domin orientierte sich gern an den Worten des chinesischen Philosophen, der über die *Willkür der Wörter* reflektierte:

»Wenn die Sprache nicht stimmt, so ist das, was gesagt wird, nicht das, was gemeint ist. Ist das, was gesagt wird, nicht das, was gemeint ist, so kommen die Werke nicht zustande. Kommen die Werke nicht zustande, so gedeihen Moral und Kunst nicht. Gedeihen Moral und Kunst nicht, so trifft das Recht nicht. Trifft das Recht nicht, so weiß das Volk nicht, wohin Hand und Fuß setzen. Also dulde man keine Willkür in den Worten. Das ist es, worauf es ankommt.«

Gegen die Willkür der Worte zu kämpfen, hatte sich Hilde Domin auf ihre Fahnen geschrieben: *Freiheit Wort / das ich aufrauhen will.* Diese Freiheit des Wortes hatte sie auch in ihrer Römerbergrede von 1978 thematisiert.

Nennt / das Runde rund / und das Eckige eckig.

Dass die Deutsche Presseagentur über ein Entführungsopfer schrieb, die Geiselnehmer hätten einen Finger »abgetrennt«, empörte Hilde Domin. *War es die Fingerkuppe, so hiesse das »abgeschnitten«. Geht es durch den Knochen, so ist das Wort dafür »abgehackt«. Beide Wörter haben einen odiösen Klang, neben dem unblutigen »abgetrennt«.*

Die Sprache sei das Geheimnis des Menschseins, hatte der Philosoph Karl Jaspers in seinen Vorlesungen betont, die Hilde Domin 1931 besucht hatte. Nur mit dem Mut, Dinge präzise zu benennen, etabliere sich die menschliche Solidarität, ohne die das Menschsein nicht gelingt und ohne die Freiheit nicht möglich ist.

Freiheit ich will dich

ERWIN WALTER PALMS TOD

am 7. Juli 1988

Mein Herze wir sind verreist – Ein blauer Tag

Zwei Jahre lang hatte Hilde Domins Ehemann gegen seine Krankheit gekämpft. Am 7. Juli 1988 rechnete man stündlich mit seinem Tod. Von den zwei Herzinfarkten in den Jahren 1980 und 1981 hatte er sich erholt; der Krebs, der seine Nieren zerfraß, war unheilbar. In der Heidelberger Wohnung unterhalb des Schlosses herrschte in der ersten Juliwoche ein ungewöhnliches Kommen und Gehen: Freunde wollten von Erwin Walter Palm Abschied nehmen. Hilde Domin und ihr Mann hatten versucht der Unausweichlichkeit des Todes mit Aktivitäten zu trotzen. Sie regelten gemeinsam ihren literarischen Nachlass: Manuskripte, Korrespondenzen und Bücher sollten nach dem Tod von beiden der Obhut des Literaturarchivs Marbach übergeben werden. Die Verhandlungen wurden von Hilde Domin mit Vehemenz, von Erwin Walter Palm mit beklemmender Zurückhaltung geführt, erinnerte sich der damalige Direktor, Ulrich Ott. Erwin Walter Palm diktierte einer Freundin seine unvollendeten Lebenserinnerungen. »Heute beginnt die Genesung!«, rief er jeden Morgen, um der Ausweglosigkeit keinen Raum zu geben. Doch an jenem Donnerstag bereitete die Krankenschwester Hilde Domin auf den nahen Tod ihres Mannes vor. Domin floh in hektische Betriebsamkeit. Freunde sahen sie am Schreibtisch sitzen, Traueranzeigen entwerfend, telefonierend, organisierend.

Sie regelte Bankangelegenheiten; sie besprach die Modalitäten zum Anfertigen einer Totenmaske und erkundigte sich bei dem Beerdigungsinstitut, wie weiter zu verfahren sei. Verzweifelte Reflexe.

Die Matratze aus ihrem Bett hatte sie schon Tage zuvor in das Zimmer und vor das Bett ihres Mannes gezerrt. Ihm zu Füßen schlief sie, dort schrieb sie Gedichte, übertrug sie ins Italienische, legte sich immer wieder zu ihm ins Bett.

In den letzten Lebensminuten umarmte Hilde Domin ihren Mann. Zärtlich scheu zuerst, um ihn dann plötzlich und unerwartet in einem unbändigen Kraftakt auf ihren Schoß zu wuchten. Sie verschmolz mit Erwin in einem letzten leidenschaftlichen Kuss, den erst der Tod beendete.

Unzählige verstreute Notizzettel fanden sich im Nachlass, die diesen beklemmenden Moment festhielten: *Dieser Kuss ausserhalb der Zeit als könnten sie nicht enden diese sanften Küsse Die Furcht hörte auf Mund an Mund deine wie meine wir küssten uns dann hieltest du inne deine Lippen standen still jemand sagte weinend, das sei der Tod wir starben zusammen wieso bin ich hier*, hatte sie hastig unmittelbar nach Erwins Tod ohne Punkt und Komma notiert. In schlaflosen Nächten skizzierte sie die Szene wieder und wieder: *Deine Zunge in meinem Mund / stand plötzlich still / nie mehr / öffneten sich deine Augen.* Anwesende Freunde berührte die Heftigkeit dieses letzten Kusses unangenehm. Fast mehr als Liebe dominierte Gewalt diese finale Vereinigung. Das war kein Kuss, mit dem man von einem Sterbenden lässt. Hilde Domins portugiesische Freundin Maria José wird den Anblick des Bildes, das sich ihr unmittelbar nach Erwins Tod geboten hatte, nicht vergessen: ein Gemälde. Hilde Domin saß reglos im zerwühlten Bett, ihren toten Mann auf dem Schoß hielt sie fest umschlungen. Maria mit Kind. Mutter, die ihr geliebtes Kind nicht dem Tod überlassen will.

Dieser letzte Kuss erinnert an eines der ersten Gedichte Domins aus Santo Domingo: *Dein Mund auf meinem / Ich verlor allen Umriß … Du küßtest mich zärtlich / und gingst.* Hatte sie ihrem Mann mit diesem ersterbenden Kuss ihre Liebe für immer mit auf den Weg gegeben? Als unauslöschliches Siegel?

Hilde Domin zögerte die Trennung von dem Leichnam solange hinaus, wie es die gesetzliche Frist zuließ. Sechsunddreißig Stunden lang lag und schlief sie neben ihrem toten Mann, aß nicht, wich nicht von seiner Seite.

Den Abschied ritualisierte sie, suchte Grabbeigaben heraus: Eine römische Medaille legte sie Erwin um den Hals, mit Rosen bedeckte sie seinen toten Körper, ihre Gedichte breitete sie zu seinen Füßen aus, als hoffte sie mit dieser letzten Geste der Unterwerfung den fast vierzig Jahre währenden Zwist um das Schreiben von Gedichten beizulegen. Als Letztes schnitt sie dem Toten eine Locke ab.

Die Palms hatten bedeutende Ereignisse ihres Lebens immer zelebriert. Es lag nahe, dass auch die Wahl der letzten Ruhestätte symbolischen Charakter tragen sollte. Zu keiner Zeit wurde erwogen, sich im jüdischen Teil des Heidelberger Bergfriedhofs bestatten zu lassen. Stattdessen hatte Hilde Domin hoch oben und weit abgelegen im Waldteil des Friedhofes einen Platz ausgesucht. Die Abgeschiedenheit sollte es vor antisemitischen Anfeindungen abschirmen. Der gewählte Platz bot nur ihnen beiden Raum, erlaubte keine direkten Grabnachbarn und dokumentierte so auch im Tod die im Leben gelebte Zweisamkeit. *Morgen such ich Dir das Grab / in dem ich über Dir liegen werde / es ist ein Wettlauf / überhole mich doch nicht,* hatte sie Jahre zuvor unmittelbar nach der Krebsdiagnose notiert – sich dann aber doch für ein Doppelgrab entschieden. Auf gleicher Höhe, ebenbürtig, sollten sie nebeneinander ruhen. In nächster Nachbarschaft liegt Friedrich Gundolf begraben, der von Erwin Walter Palm so Verehrte. Seinetwegen war er 1931 nach Heidelberg gekommen. Doch zwischen Gundolf und Palm sollte später Hilde Domin ihren Platz haben. Im Tod endlich die Einzige an seiner Seite.

»Wir setzten den Fuß in die Luft und sie trug« steht auf der großen Buntsandsteinplatte und damit bescheinigte Hilde Domin dem so wenig kalkulierbaren Lebensgespräch im Nachhinein Bestand.

Nach dem Tod ihres Mannes errichtete Hilde Domin in ihrem Wohnzimmer wie schon beim Tod ihrer Mutter einen Andachtstisch: Erwins Portrait ergänzte nun die Fotos der Eltern, immer umgaben frische Rosen die Fotografien. Hilde Domin blieb mit Erwin im Dialog, als sei ihr Lebensgespräch nicht abgerissen.

19

MEIN HERZE WIR SIND VERREIST

Für E.W.P.

Mein Herze
wir sind verreist
nach verschiedenen Weltteilen
Eurydike
meine Hand
deine Schulter berührend
Ich schreibe mit deinem Stift
ich möchte eintreten
durch diese großen Trichter
am Meer
in das Reich
in dem du gehst oder liegst
oder stehst
in dem du jetzt alles weißt
oder alles vergißt

Ich dein schneller dein zu langsamer
Weggefährte
Ich komme hinter dir her
»Langsamer« sagst du wie immer
»Sei langsam«

So sitze ich hier
hoch über dem Meer
blau grün fern
deinen Stift in der Hand

Drei Monate nach dem Tod ihres Mannes nahm Hilde Domin die Einladung ihrer portugiesischen Freundin Maria José Peixoto Lieberwirth nach Portugal an, die Domin während der Jahre von Palms Krankheit beigestanden hatte. Hilde Domin sollte losgelöst vom erinnerungsschweren Zuhause um ihren Mann trauern können – in einem Haus auf einer Felsklippe hoch über dem Meer. Selbst vom Bett blickte man auf den Atlantik, auf seine Brandung und die typisch bizarren Felsformationen der Algarve. Hilde Domin kletterte täglich den steinigen, schmalen Pfad zum Strand hinab und saß bis weit nach Sonnenuntergang bei den großen ausgewaschenen Felsentrichtern – stumme Zeugen der Ewigkeit. Eingang zur Unterwelt. Durch solch einen Eingang war Orpheus seiner Eurydike gefolgt. Dort unten am Meer schrieb die Dichterin ihr zärtliches Abschiedsgedicht »Mein Herze wir sind verreist«. Sie schrieb es mit dem goldenen Stift Erwin Walter Palms.

Mein Herze wir sind verreist. Mit *Mein Herze* hatte Hilde Domin ihren Mann in Hunderten von Briefen angesprochen. *Mein Herze* – wie in den Kantaten Bachs, die sie in Santo Domingo auf geliehenen Schallplatten gehört hatten: »Mein Herze schwimmt im Blut« oder »Mache dich, mein Herze, rein.«

»Das schönste und anrührendste Gedicht … ›Mein Herze‹ beginnt es. Nicht: Mein Herz. Wann hat ein kleines e so viel Charme, so viel Zärtlichkeit entfaltet?« Harald Hartung, der 2006 in der FAZ den Nachruf auf Hilde Domins Tod schrieb, konnte nicht ahnen, wie viel mehr Symbolik Domins Worte tragen. Greifen sie doch ein letztes Mal den bitteren, jahrzehntelang schwelenden Wettkampf des Paares um die Dichtkunst auf, dem der Tod erst ein Ende gesetzt hatte. Hilde Domins Worte flossen aus Erwins Stift. Damit hob sie den im Dichterstreit ewig Unterlegenen in den Rang des Dichters und damit erfüllte sich, wofür sie ihr Leben lang gekämpft hatte: *Das Glück wäre, Dich in alles dies hineinnehmen zu können.*

Mit diesem Abschieds-Gedicht ging Hilde Domin nochmals in das Jahr 1963 zurück. Sie hatte das Gedicht »Brief auf den anderen Kontinent« vom November 1963 ihrem Mann 1964 nach Mexiko geschickt – und ihn heftig erzürnt. *Sieh Dich nicht um / nach mir / Eurydike, / immer mit dir / die Hand / deine Schulter berührend / unter den fernen Bäumen.* Erwin Walter Palm hatte ihr Unkenntnis der Mythologie unterstellt, wogegen sich Hilde Domin energisch verwahrte: *Eurydike, die arme, geht hinter Dir, doch. Ich klammere sie also ein, damit Missverständnisse vermieden werden. Für wen hältst Du mich denn, dass ich die griech. Mythologie nicht kennen sollte.* In ihrem Antwortbrief schickte sie ihm das Gedicht gleich noch einmal zu.

Orpheus, dessen Gattin Eurydike am giftigen Biss einer Schlange gestorben war, hatte sich in die Unterwelt begeben, um den Gott Hades zu bewegen, sie wieder ins Leben holen zu dürfen. Seine Bitte wurde ihm gewährt, unter der Bedingung, dass sich Orpheus beim Aufstieg in die Oberwelt nicht nach Eurydike umsehen durfte. Doch der Barde traute ihrem leisen Schritt nicht, blickte sich um und machte damit Eurydikes Rückkehr in das Reich der Lebenden zunichte.

Hilde Domin empfand sich in den Sechzigerjahren von Erwin ähnlich zurückgelassen. Kontinente weit entfernt, nicht nur räumlich *in verschiedenen Weltteilen* – damals wie im Tod. 1964 hatte sich Hilde Domin sogar von Erwin Walter Palm in das Schattenreich verstoßen gefühlt. Sie hatte seinen fehlenden Beistand beklagt, als die Wellen der kritischen Literaturszene über ihr zusammenschlugen. Ja, sie unterstellte ihm sogar, den Schattenkrieg gegen sie aus Neid auf ihren literarischen Erfolg angezettelt zu haben: *Der Winter, die Krankheit, der Schattenkrieg, den Du hast inszenieren lassen u der mein Leben frisst. Merkwürdig schwer die Rettung, man kann nur beten.* Auch in der Mythologie hatte Orpheus versagt und Eurydike nicht aus der Unterwelt befreit.

Nun nahm Hilde Domin in dem zärtlichen Abschiedsgedicht genau dieses Motiv auf: *Mein Herze / wir sind verreist / nach verschiedenen Weltteilen / Eurydike / meine Hand / deine Schulter berührend.* Doch die Rollen hatten sich vertauscht.

Eurydike blieb in der Oberwelt zurück, während Orpheus in das Schattenreich vorausgegangen war. *»Langsamer« sagst Du wie immer. »Sei langsam«.* Erwin Walter Palms handgeschriebener Zettel mit diesen mahnenden Worten hing bis nach Hilde Domins Tod an ihrer Zimmertür: »Sei langsam«. Der Tod hatte den unwürdigen Kampf um das An-erster-Stelle-Gehen beendet. Die einst gehegte Hoffnung, dass Orpheus seine Eurydike aus dem Schattenreich führen könnte, hatte sich überlebt. Eurydikes Hand auf seiner Schulter war kein Akt der Hilflosigkeit, sondern zärtliches Zeichen ihrer Gefolgschaft. *Ich werde in hellem Licht an Deiner Seite leben und schreiben und gesund werden und Dich lieb haben* – prophetisch muten Hilde Domins Zeilen aus einem Brief von 1963 an.

Lag in Erwin Walters Tod Befreiung? Ein Theologe aus Ludwigsburg berichtete von einem langen Telefonat, das er mit der Dichterin unmittelbar nach dem Tod ihres Mannes geführt hatte. Sie erzählte ihm darin von der liebgewonnenen Tradition des »Bibelstechens«, das beide seit Beginn ihrer Freundschaft pflegten: Mit einer Miniaturausgabe des Eiffelturms tippten Erwin Walter Palm und Hilde Domin am Neujahrsmorgen auf eine Bibelstelle, aus der sie Omina für das kommende Jahr lasen. Hilde Domin hatte unmittelbar nach Palms Tod diesen Brauch aufgegriffen und war im Alten Testament auf den Psalm 124 gestoßen: »Der Retter Israel«: *Unsere Seele ist entronnen wie ein Vogel dem Netz des Vogelfängers; das Netz ist zerrissen, und wir sind frei,* liest man im siebten Vers des Psalms. Wie im Orakel zu Delphi lässt die Auslegung offen, wer der Befreite war.

Wenn Hilde Domin in Portugal in Momenten der größten Verzweiflung aus tiefer Trauer weit ins offene Meer hinausschwamm – Warnungen, Wellen und Strömung ignorierend –, so dass die Freunde fürchteten, ihre Kräfte könnten für den Rückweg nicht ausreichen, gab sie sich dem Schicksal nicht preis, eher schwamm sie sich frei. Hilde Domin wusste um die Begrenztheit des irdischen Lebens. Sie würde ihrem Mann nachfolgen. Doch in der verbleibenden

Zeit wollte sie aus dem gemeinsamen Brunnen der Worte schöpfen: mit seinem *Stift in der Hand.*

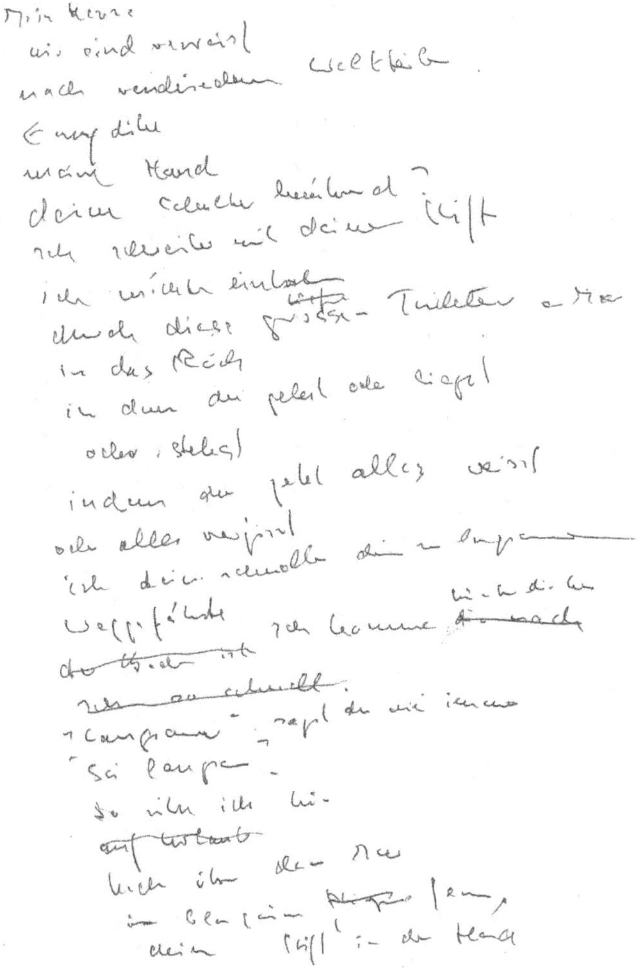

20

EIN BLAUER TAG

Ein blauer Tag
Nichts Böses kann dir kommen
an einem blauen Tag
Ein blauer Tag
die Kriegserklärung
Die Blumen öffneten ihr Nein
Die Vögel sangen Nein
ein König weinte
Niemand konnte es glauben
Ein blauer Tag
und doch war Krieg

Gestorben wird auch an blauen Tagen
bei jedem Wetter
Auch an blauen Tagen wirst du verlassen
und verläßt du
begnadigst nicht
und wirst nicht begnadigt
Auch an blauen Tagen
wird nichts zurückgenommen
Niemand kann es glauben:
Auch an blauen Tagen
bricht das Herz

»Heidelberg 1989« – Hilde Domins Werksverzeichnis weist das Gedicht als eines der letztgeschriebenen aus. Die Vermutung, dass Erwin Walter Palms erster Todestag der Anlass war, lag nahe und unterstützte diese Sicht.

Heute wissen wir es besser. Ein Lebenskreis schließt sich.

Es klingt nach dem Stoff für einen Roman, wie Hilde Domins Originalbriefe aus den 40er Jahren 1995 den Weg zurück zu ihr fanden: Ein deutsches Ehepaar lebt zwei Jahre in New York. Der Mann nimmt dort eine Gastprofessur wahr, seine Frau lernt beim »Damenprogramm« andere, an Ort und Stelle ansässige Professorengattinnen kennen und freundet sich besonders mit der älteren, belesenen Edith Baron an. Nach der Rückkehr nach Deutschland halten die beiden Frauen in einem regen Briefaustausch ihr Gespräch aufrecht. Leseerfahrungen werden diskutiert, man spricht über Lieblingsschriftsteller, es fällt von deutscher Seite der Name »Hilde Domin«.

Edith Baron war von London aus in die USA emigriert. In London hatte Hilde Domin die Literaturwissenschaftlerin im Hause ihrer Tante kennengelernt. 1941 nahmen die beiden Frauen ein Briefgespräch auf, das vom intensiven geistigen Austausch lebte. Baron beurteilte, korrigierte und wurde, ohne es zu ahnen, zur zuverlässigen Lektorin der ersten Gedichte Hilde Domins. Edith Baron bewahrte ihre kostbare Korrespondenz auf dem Dachboden ihres Ferienhäuschens auf.

Viele Briefe von ihr lagern auf dem Speicher meines Ferienhäuschens, schreibt die Amerikanerin deshalb der deutschen Freundin und daran erinnert sich diese, als sie 1995 die Nachricht vom Tod der alten Dame erhält. Sie setzt sich mit deren Tochter in den USA in Verbindung und bietet an, den Kontakt zu Hilde Domin herzustellen. Die Tochter Edith Barons ist erleichtert, dass sie die intimen Briefe wieder den Händen ihrer Verfasserin anvertrauen kann.

Zwischen den Briefen der amerikanischen Freundin findet sich ein Manuskript. Das ursprüngliche Manuskript von »Ein blauer Tag«.

Es ist auf März 1959 datiert.

Im März 1959 hatte sich Hilde Domin ins Tessin zurückgezogen, um die Gedichte für ihren ersten Gedichtband zusammenzustellen. Sie ließ dort auch ihr Leben Revue passieren.

Nichts Böses kann Dir kommen an einem blauen Tag. Trügerische Hoffnung. Der 3. September 1939 war ein Sonntag, ein herrlicher Spätsommertag, und er brachte das Böse. Das junge Ehepaar Palm und die Eltern Löwenstein saßen mit ihren englischen Vermietern vor dem Radiogerät auf einem Hügel in Minehead und erwarteten die angekündigte Kriegserklärung von Großbritannien an Deutschland. Die Worte des britischen Königs Georg VI. sollten sich fortan nicht mehr vom tröstlichen Blau eines herrlichen Tages trennen lassen: »In this grave hour« bedauerte der Monarch gegenüber seinem Volk, den Krieg »on such a beautiful blue day« erklären zu müssen.

Ein blauer Tag
die Kriegserklärung.
[...]
ein König weinte.
Niemand konnte es glauben.
Ein blauer Tag
und doch war Krieg.

War es nicht auch ein herrlicher, blauer Tag, als *der Krieg ausbrach?* – auch in ihrem Roman »Das zweite Paradies« scheint die Erinnerung an die Natur die politische Dramatik zu dominieren. Dabei änderte die Kriegserklärung das Schicksal Tausender nach England geflohener Emigranten, die nun plötzlich zu *alien enemies* erklärt wurden. Stefan Zweig teilte die Flüchtlingserfahrungen jener Tage in England mit Hilde Domin. Im Juni 1940 fanden sie sich auf demselben Schiff, der »Skythia«, und flohen aus Europa. Auch Zweig bewegte die Unvereinbarkeit der lieblichen Natur und der trostlosen Politik: »Es war wieder Krieg. [...] Von draußen kam das unbekümmerte Zwitschern der Vögel, die in leichtfertigem Liebesspiel sich tragen ließen vom lauen Wind.«

Die englischen Hausbesitzer versuchten, der »grave hour« die Bedrohlichkeit zu nehmen. Sie zollten dem herrlichen Herbsttag Respekt und luden ihre deutschen Mieter ein, mit ihnen im Auto auf den nahen Hügel zu fahren, um von dort aus gemeinsam das Spektakel eines unvergleichlichen Sonnenuntergangs hoch über dem Bristol Channel zu genießen – als könnten Flora und Fauna dem Wahnsinn des Krieges die Stirn bieten:

Die Blumen öffneten ihr Nein,
Die Vögel sangen Nein

»Wie die großartige Natur doch die Dummheit der Menschheit vergessen machen kann« – Stefan Zweig empfand nicht anders, als er sich am 5. September 1939 seinem Tagebuch anvertraute.

Jenes unruhige Amalgam aus Sehnsucht nach Frieden und unmittelbarer Bedrohung hatte sich tief im Gedächtnis der jungen Hilde Domin festgesetzt. Es blieb explosiv unter der dünnen Haut des Vergessens und brach in jeder vergleichbar schmerzlichen Lebenssituation aus der alten Wunde hervor. Auch zwanzig Jahre später noch: Das Jahr 1959 besiegelte das Ende der Liaison von Hilde Domin und dem Leiter des S. Fischer Verlags. Das Frühlingsblau des Tessins konnte damals keinen Trost für sie bereithalten. *Auch an blauen Tagen wirst du verlassen.*

Mit Erwin Walter Palms Tod hatte Hilde Domin endgültig den Verlust ihrer Liebe und die unabänderliche Vertreibung aus dem zurückeroberten Paradies zu beklagen. Am 7. Juli 1989 jährte sich Erwin Walter Palms Tod zum ersten Mal. Dieser Tag war ein heißer Sommertag. *Gestorben wird auch an blauen Tagen / bei jedem Wetter.* Wie schon 1939 widersetzte sich die Natur nicht den widrigen Lebensereignissen.

1939 – 1959 – 1989 – drei Schicksalsjahre, die wenig sanft mit Hilde Domin umgegangen waren, selbst wenn ein blauer Himmel sie überspannte:

Auch an blauen Tagen / bricht das Herz.

EDITORISCHE NOTIZ

Die Zitate von Hilde Domin sind *kursiv* gehalten und so als Worte der Dichterin auszumachen. Alle anderen Zitate sind durch Anführungszeichen gekennzeichnet.

Autorin und Verlag haben sich gegen einen Anmerkungsanhang der verwendeten Zitate entschieden. Leseleichtigkeit, Nachspüren der Gedichte, sanftes Schauen hinter den Schleier der sorgfältig gewebten Sprachbilder sollen fokussiert werden, nicht die wissenschaftliche Analyse.

Der wissenschaftlichen Genauigkeit der angeführten Zitate wurde dennoch Rechnung getragen – sie durften mit freundlicher Genehmigung des Literaturarchives Marbach und des S. Fischer Verlags zitiert werden.

Wer es genauer wissen möchte, sei freundlich aufgefordert, beim Verlag oder der Autorin nachzufragen. Der Zitate-Apparat ist hinterlegt und abrufbar.

WEITERFÜHRENDE LITERATUR

Alvarez, Julia: Die Zeit der Schmetterlinge. München: Piper, 1996.

Amrain, Susanne: So geheim und vertraut. Virginia Woolf und Vita Sackville-West. Frankfurt/M.: Suhrkamp Taschenbuch, 1994.

Balmes/Bong/u.a. (Hrsg.): Peter Szondi: *Neue Rundschau* 3/2008.

Barner, Wilfried (Hrsg.): Geschichte der deutschen Literatur von 1945 bis zur Gegenwart. 2., aktual. Aufl. München: Beck, 2006.

Benjamin, Walter: Berliner Kindheit um neunzehnhundert. Frankfurt/M: Suhrkamp, 2006.

Benz, Richard: Heidelberg. Schicksal und Geist. Verlag Sigmaringen, 1975.

Buselmeier, Karin (Hrsg.): Auch eine Geschichte der Universität Heidelberg. Mannheim: Edition Quadrat, 1985.

Buselmeier, Michael: Erlebte Geschichte erzählt, 1994–1997, Heidelberg: Wunderhorn, 2000.

Buselmeier, Michael: Literarische Führungen durch Heidelberg. Eine Kulturgeschichte im Gehen. Heidelberg: Verlag Das Wunderhorn, 1991.

Danticat, Edwidge: Die süße Saat der Tränen. München: Claasen Verlag, 1999.

Diamond, Jared: Kollaps. Warum Gesellschaften überleben oder untergehen. Frankfurt/M.: Fischer Verlag, 2006.

Dillmann, Hans-Ulrich/Heim, Susanne: Fluchtpunkt Karibik. Jüdische Emigranten in der Dominikanischen Republik. Berlin: Christoph Links Verlag, 2009.

Bürger, Jan und Druffner, Frank (Hrsg.): Hilde Domin: Die Liebe im Exil. Briefe an Erwin Walter Palm aus den Jahren 1931–1959. Frankfurt/M.: S. Fischer Verlag, 2009.

Eckart, W.U./Sellin, V./Wolgast, E. (Hrsg.): Die Universität Heidelberg im Nationalsozialismus. Heidelberg: Springer Medizin Verlag, 2006.

Edvardson, Cordelia: Gebranntes Kind sucht das Feuer. München: Deutscher Taschenbuch Verlag, 2002.
Enzensberger, Hans Magnus: Politik und Verbrechen. Frankfurt/M.: Suhrkamp, 1964.
Fink, Gerhard (Hrsg.): Ovid. Metamorphosen. Düsseldorf: Patmos Verlag, 2005.
S. Fischer Verlag: Für Rudolf Hirsch. Zum siebzigsten Geburtstag am 22. Dezember 1975.
Freund, Hellmut: Vor dem Zitronenbaum. Autobiographische Abschweifungen eines Zurückgekehrten. Frankfurt/M.: S. Fischer Verlag, 2005.
Fricker, Christophe: Stefan George. Gedichte für Dich. Berlin: Matthes & Seitz, 2011.
Froese, Gesine: Dominikanische Republik. Ostfildern: Mairdumont, 2008.
Gehlhoff-Claes, Astrid (Hrsg.): Bis die Tür aufbricht. Düsseldorf: Erb Verlag, 1982.
George, Stefan: Der Stern des Bundes. Berlin: Georg Bondi Verlag, 1929.
George, Stefan: Gedichte. Leipzig: Philipp Reclam Jun., 1987.
Goll, Claire: Ich verzeihe keinem. Vollständige Taschenbuchausgabe., München : Th. Knaur Nachf., 1980, 1995.
Göpfert, Rebekka: Der jüdische Kindertransport von Deutschland nach England 1938/39, Campus Verlag 1999.
Grandjot, Werner: Schroeders Reiseführer. Reiseführer durch das Pflanzenreich der Tropen. Leichingen: Kurt Schröder Verlag, 1981.
Guggenheim, Peggy: Ich habe alles gelebt. Die Memoiren der ›femme fatale‹ der Kunst unseres Jahrhunderts. Bern/München: Scherz, 1980.
Gutknecht, Christoph: »Lauter böhmische Dörfer: Wie die Wörter zu ihrer Bedeutung kamen«. München: C. H. Beck, 2009.
Gutknecht, Christoph: Codewort Schibboleth, in: *Jüdische Allgemeine* v. 7. Juli 2011 (http://www.juedische-allgemeine.de/article/print/id/10757).

Günther, Joachim: *Neue deutsche Hefte* 120, Heft 4/1968.
Heiser, Dorothea (Hrsg.): Mein Schatten in Dachau. Gedichte und Biographien der Überlebenden und der Toten des Konzentrationslagers. München: Pfeiffer Verlag, 1993.
ila Literaturspecial 2003.
Iven, Mathias: Hermann Hesse in Montagnola. Menschen und Orte. Berlin: Edition A. B. Fischer, 2007.
Karlauf, Thomas: Stefan George. Die Entdeckung des Charisma. München: Karl Blessing Verlag, 2007.
Kassner, Rudolf: Buch der Erinnerungen. Leipzig: Im-InselVerlag, 1938.
Kösler, Hans Christian in: Marcel Reich-Ranicki (Hrsg.). Frauen dichten anders. Frankfurt: Insel Verlag, 1998.
Kreis, Gabriele: »Was man glaubt, gibt es«. Das Leben der Irmgard Keun. Zürich: Arche Verlag, 1991.
Kunstamt Kreuzberg/Institut f. Theaterwissenschaft d. Universität Köln: Weimarer Republik. Berlin: Elefantenpress, 1977.
Lehmann, Hans Georg: Deutschland-Chronik 1945 bis 2000. Bonn: Bundeszentrale für Politische Bildung, 2002.
Lehr-Rosenberg, Stefanie: Ich setzte den Fuß in die Luft und sie trug. Umgang mit Fremde und Heimat in Gedichten Hilde Domins. Würzburg: Königshausen&Neumann, 2003.
Lermen, Birgit/ Braun, Michael: Hilde Domin, Hand in Hand mit der Sprache. Bonn: Bouvier Verlag, 1997.
Lermen, Birgit/ Braun, Michael: Nelly Sachs, an letzter Atemspitze des Lebens. Bonn: Bouvier Verlag 1998.
Lösche, Peter/Loeffelholz, Hans Dieter von (Hrsg.): Länderbericht USA. Geschichte, Politik, Wirtschaft, Gesellschaft, Kultur. Frankfurt/M.: Campus Verlag, 2004.
Luig, Klaus: Weil sie nicht arischer Abstammung waren. Verlag Dr. Otto Schmidt, 2004.
Mann, Golo: Erinnerungen und Gedanken. Eine Jugend in Deutschland. Frankfurt/M.: S. Fischer Verlag, 1986.
Mayer, Hans: Ein Deutscher auf Widerruf. Frankfurt/M.: Suhrkamp, 1982

Middelhauve, Gertrud (Hrsg.): Dichter erzählen Kindern. München: Deutscher Taschenbuchverlag, 1969.
Niedergang, Marcel: 20mal Lateinamerika. Von Mexico bis Feuerland. Völlig überarb. u. erg. Neuausg. München: Piper Verlag, 1978.
Niemann, Norbert/Rathgeb, Eberhard (Hrsg.): Inventur. Deutsches Lesebuch 1945–2003. Bonn: Bundeszentrale für politische Bildung, 2003.
Palm, Erwin Walter (Hrsg.): Rose aus Asche. Frankfurt: Bibliothek Suhrkamp, 2003.
Palm, Erwin Walter (Hrsg.): Rose aus Asche. München: Piper Verlag, 1955.
Palm, Erwin Walter: Heimkehr ins Exil. Zwischen Paradies und Wirklichkeit. In: *Forum Ibero-Americanum* 6. Köln und Weimar: Böhlau Verlag, 1992.
Pau, Antonio: Hilde Domin en la poesía española. Madrid: Minima Trotta, 2010.
Plume, Cornelia: Umfassende Würdigung. Eine Studie zu Grimmelshausens Courasche-Roman und seiner literarischen Rezeption im 20. Jahrhundert. In: *literaturkritik.de* 11/2005 (http://www.literaturkritik.de/public/rezension.php?rez_id=8694).
Pross, Steffen: »In London treffen wir uns wieder«. Vier Spaziergänge durch ein vergessenes Kapitel deutscher Kulturgeschichte nach 1933. Frankfurt/M.: Eichborn Verlag, 2000.
Raddatz, Fritz J.: Unruhestifter. Erinnerungen. Berlin: Ullstein Buchverlage, 2005.
Reich-Ranicki, Marcel: Entgegnung. Zur deutschen Literatur der siebziger Jahre. Erw. Neuausg. München: Deutscher Taschenbuchverlag, 1982.
Reich-Ranicki, Marcel: Lauter Verrisse. München: Piper Verlag, 1970.
Reich-Ranicki, Marcel: Literarisches Leben in Deutschland. Kommentare und Pamphlete. München: Piper Verlag, 1965.

Renz, Peter (Hrsg.): Der Ravensburger Kreis. Eine literarische Gesellschaft in Deutschland. Eggingen: Edition Isele, 1999.

Riedler, Rudolf (Hrsg.): Die Pausen zwischen den Worten. Dichter über ihre Gedichte. Serie Piper. München: R. Piper GmbH & Co KG, 1986.

Ruyters, Judith: Im Anfang war das Wort. Prominente und die Bibel. Leipzig: Evangelische Verlagsanstalt, 2003.

Salama, Pierre: Témoignage de Pierre Salama, Tableaux de Maîtres, Frontières et Limites géographiques de l'Afrique du nord antique. Hommage à Pierre Salama, 1999.

Scheidgen, Ilka: Hilde Domin. Dichterin des Dennoch. Eine Biografie. Lahr: Verlag Ernst Kaufmann, 2006.

Schenk, Herrad: Wieviel Mutter braucht ein Kind? In: Mutterglück – Anspruch und Wirklichkeit, Hrsg. Frauenbüro Salzburg, Hausdruckerei Salzburg 2003.

Schirrmacher, Frank: Er denkt also, wie er will. In: *Frankfurter Allgemeine Zeitung* vom 9. März 2008.

Schmidt-Bergmann, Hansgeorg : Ein Bild der Zeit. Literatur in Baden-Württemberg 1952–1970. Karlsruhe: INFO, 2002.

Schöllgen, Gregor: Jenseits von Hitler. Die Deutschen in der Weltpolitik von Bismarck bis heute. Bonn: Bundeszentrale für politische Bildung, 2005.

Schultz, Hans Jürgen (Hrsg.): Mein Judentum. Selbstzeugnisse. Stuttgart: Kreuz Verlag, 1979.

Joachim, Seng (Hrsg.): Paul Celan/Rudolf Hirsch: Briefwechsel. Frankfurt/M.: Suhrkamp, 2004.

Sert, Misia: Pariser Erinnerungen. Frankfurt/M.: Suhrkamp Taschenbuch, 1999.

Sonder, Ines/Bürger, Karin/Wallmeier, Ursula (Hrsg.): »Wie würde ich ohne Bücher leben und arbeiten können?« Privatbibliotheken jüdischer Intellektueller im 20. Jahrhundert. Potsdam: VBB, 2008.

Speer, Albert: Erinnerungen. Berlin (u.a.): Ullstein, 1969.

Stegmann, Wilhelm: *Ibero-Amerikanisches Archiv*, Heft 4. Berlin: Colloquium Verlag 1989.

Stein, Georg (Hrsg.): Die Insel im Wald. 300 Jahre Heidelberger Kohlhof. Heidelberg: Palmyra Verlag, 2006.

Stern, Guy: Literarische Kultur im Exil. Literature and Exile. Dresden: Dresden University Press, 1998.

Sternberger, Dolf: Erinnerung an die Zwanziger Jahre in Heidelberg. In: Die Geschichte der Universität Heidelberg: Vorträge im Wintersemester 1985/86, Sammelband Studium Generale, WS 1985/86, Heidelberg, HVA 1986.

Stiftung Jüdisches Museum Berlin (Hrsg.)/Stiftung Haus der Geschichte der Bundesrepublik Deutschland (Hrsg.): Heimat und Exil. Emigration der deutschen Juden nach 1933. Frankfurt/M.: Jüdischer Verlag im Suhrkamp Verlag, 2006.

Strick, Gregor (Hrsg.): Arno Schmidt. Briefwechsel mit Kollegen. Frankfurt/M.: Suhrkamp, 2007.

Suhrkamp Verlag: Nelly Sachs zu Ehren. Gedichte. Prosa. Beiträge. Frankfurt/M.: Suhrkamp, 1961.

Tauschwitz, Marion (Hrsg.): Unerhört nah – Erinnerungen an Hilde Domin. Heidelberg: Kurpfälzischer Verlag, 2009.

Tauschwitz, Marion: Hilde Domin. Dass ich sein kann, wie ich bin. Mainz: VAT Verlag André Thiele, 2011.

Underwood, Sabine (Hrsg.): Heidelberg in alten und neuen Reisebeschreibungen, Düsseldorf: Droste Verlag, 1993.

Vargas Llosa, Mario: Das Fest des Ziegenbocks. Frankfurt/M.: Suhrkamp Taschenbuch Verlag, 2002.

Vogel, Harald/Gans, Michael: Rose Ausländer – Hilde Domin, Gedichtinterpretationen. 3. aktual. Aufl. – Baltmannsweiler: Hohengehren: Schneider-Verlag, 1998.

Wangenheim, Bettina von (Hrsg.): Heimkehr ins Wort. Materialien zu Hilde Domin. Frankfurt/M.: Fischer Taschenbuch Verlag, 1982.

Wangenheim, Bettina von (Hrsg.): Vokabular der Erinnerungen. Zum Werk von Hilde Domin. Aktualisierte Neuausgabe bearb. v. Ilseluise Metz. Frankfurt/M.: Fischer Taschenbuch Verlag, 1998.

Wapnewski, Peter: Mit dem anderen Auge. Erinnerung 1959–2000. Berlin: Berlin Verlag, 2006.

Warburg-Spinelli, Ingrid: Erinnerungen. Die Dringlichkeit des Mitleids und die Einsamkeit, nein zu sagen. Hamburg: Sammlung Luchterhand, 1991.

Weidermann, Volker: Das Buch der verbrannten Bücher. Köln: Verlag Kiepenheuer und Witsch, 2008.

Wild, Thomas: Hannah Arendt und die deutsche Literatur seit 1960. Wirkungswege von Person und Werk. Privates Exposée.

Winkler, Vera-Sabine: Leise Bekenntnisse. Die Bedeutung der Poesie für die Sprache der Liturgie am Beispiel von Hilde Domin. Ostfildern: Matthias-Grünewald-Verlag der Schwabenverlag. Ostfildern, 2009.

Wolgast, Eike: Die Universität Heidelberg. 1386–1986. Heidelberg: Springer Verlag, 1986.

Wolters, Friedrich: Stefan George und die Blätter für die Kunst. Deutsche Geistesgeschichte seit 1890. Berlin: Georg Bondi Verlag, 1930.

Zerfaß, Beate: Heidelberg wie es früher war. Gudensberg-Gleichen: Verlag, 1996.

Zweig, Stefan: Tagebücher. Frankfurt/M.: S. Fischer Verlag, 1984.

Marion Tauschwitz bei zuKlampen!

Hilde Domin
Dass ich sein kann, wie ich bin
Biografie
Paperback, 630 Seiten, ISBN 978-3-86674-516-2

Hilde Domin zählt zu den bedeutendsten und erfolgreichsten Lyrikerinnen Deutschlands. In Mari Tauschwitz' Standardwerk fließen die Ergebnisse aus ihren weltweiten Recherchen in bis dahin unbekan ten Quellen und mehr als tausend Briefen ein. Sie kommt dabei zu überraschenden neuen Erkenntniss über Leben und Persönlichkeit Domins, ihre literarische Bedeutung und den männerdominierten Li raturbetrieb. Besonders ergreifend schildert Tauschwitz die unkonventionelle und äußerst konfliktreic Ehe mit dem Kunsthistoriker Erwin Walter Palm – und wie sich in diesem 56 Jahre währenden geis stimulierenden, aber auch quälenden »Lebensgespräch« Hilde Domins Kreativität freisetzte.

»Die Biografie von Marion Tauschwitz räumt gründlich auf mit den alten Legenden.«
Der Tagesspiegel

Das unverlierbare Leben
Erinnerungen an Hilde Domin
Paperback, 200 Seiten, ISBN 978-3-86674-596-4

Ein Augenblick. Eine Einladung. Der Auftakt zu einer besonderen Freundschaft, die erst der Tod Hil Domins beendete. Fünf Jahre lang war Marion Tauschwitz enge Vertraute der Lyrikerin Hilde Dom Jahre, in denen die beiden Frauen gemeinsam auf Reisen gingen, Empfänge und Kulturveranstaltung besuchten, aber auch einen Alltag teilten, in dem Eigenheiten und Empfindlichkeiten nicht verborg blieben. In ihren Erinnerungen erzählt Marion Tauschwitz von der intensiv gelebten Zeit mit Hil Domin, verwebt biografisches Wissen und persönliches Erleben zu einem lebendigen Porträt der groß Nachkriegslyrikerin.

»Marion Tauschwitz (…) ist es zu verdanken, dass Hilde Domins
Leben und Werk unvergessen bleibt. ›Unverlierbar‹.«
Aviva Berlin

Selma Merbaum
Ich habe keine Zeit gehabt, zuende zu schreiben
Biografie und Gedichte
Mit einem Vorwort von Iris Berben
Mit zahlreichen Abbildungen
Paperback, 359 Seiten, ISBN 978-3-98737-003-8

Die junge jüdische Lyrikerin Selma Merbaum (oft fälschlich Selma Meerbaum-Eisinger genannt) sta 1942 mit 18 Jahren in dem deutschen Zwangsarbeitslager Michailowka in der heutigen Ukraine. N 57 handschriftlich niedergeschriebene Gedichte umfasst ihr schmales Werk »Blütenlese«, das auf abe teuerliche Weise überlebt hat und auf der letzten Seite mit dem Satz abschließt: »Ich habe keine Z gehabt zuende zu schreiben …«
In jahrelanger Forschung hat Marion Tauschwitz Daten, Ereignisse und Fakten zum Leben der jung Künstlerin zusammengetragen, Archivmaterial aus der Ukraine, aus England, den USA und Deutsc land ausgewertet, Dokumente geborgen, Zeitzeugen ausfindig gemacht und die faszinierende, gleich maßen einfühlsame wie wissenschaftlich fundierte Biografie verfasst. Der zweite Teil des Buches umfa sämtliche Gedichte der jüdischen Lyrikerin, die Marion Tauschwitz nach den Originalhandschriften n übertragen hat.

»(eine) exzellent recherchierte Biografie.«
NZZ am Sonntag